História(s) de vida

Obras do autor pela Bertrand Brasil:

O mundo moderno e a questão judaica

Filhos do céu [coautoria com Michel Casse]

Cultura e barbárie europeias

Meu caminho

Rumo ao abismo?

Edwige, a inseparável

O caminho da esperança [coautoria com Stephane Hessel]

Meus demônios

A religação dos saberes

Amor, poesia, sabedoria

Minha Paris, minha memória

Como viver em tempos de crise?

A via

Conhecimento, ignorância, mistério

É hora de mudarmos de via: lições do coronavírus

Ciência com consciência

Lições de um século de vida

A cabeça bem-feita

Despertemos!

História(s) de vida

EDGAR MORIN
História(s) de vida

entrevistas com Laure Adler

Tradução
Ivone Benedetti

1ª edição

Rio de Janeiro | 2023

CIP-BRASIL. CATALOGAÇÃO NA PUBLICAÇÃO
SINDICATO NACIONAL DOS EDITORES DE LIVROS, RJ

M85h   Morin, Edgar, 1921-
        História(s) de vida : entrevista com Laure Adler / Edgar Morin ; tradução Ivone Benedetti. - 1. ed. - Rio de Janeiro : Bertrand Brasil, 2023.

        Tradução de: Histoire(s) de vie
        ISBN 978-65-5838-188-4

        1. Adler, Laure. - Entrevistas. 2. Sociólogos - França - Entrevistas. 3. Intelectuais - França - Entrevistas. I. Benedetti, Ivone. II. Título.

23-82792   CDD: 921.4
                CDU: 929:1(44)

Gabriela Faray Ferreira Lopes - Bibliotecária - CRB-7/6643

Copyright © Les Editions Bouquins, 2022

Título original: *Histoire(s) de vie*

Texto revisado segundo o Acordo Ortográfico da Língua Portuguesa de 1990.

Todos os direitos reservados.
Não é permitida a reprodução total ou parcial desta obra, por quaisquer meios, sem a prévia autorização por escrito da Editora.

Direitos exclusivos de publicação em língua portuguesa somente para o Brasil adquiridos pela:
EDITORA BERTRAND BRASIL LTDA.
Rua Argentina, 171 — 3º andar — São Cristóvão
20921-380 — Rio de Janeiro — RJ
Tel.: (21) 2585-2000,
que se reserva a propriedade literária desta tradução.

Seja um leitor preferencial. Cadastre-se no site www.record.com.br e receba informações sobre nossos lançamentos e nossas promoções.

Atendimento e venda direta ao leitor:
sac@record.com.br

SUMÁRIO

Prefácio *por Laure Adler* — 7

1 Uma infância atormentada — 11
2 Procurar não implica necessariamente encontrar — 19
3 Resistir — 29
4 O tempo dos camaradas — 49
5 Minha relação com François Mitterrand — 59
6 Autocrítica como método de pensamento — 77
7 Como viver tendo a incerteza como princípio? — 91
8 Um eterno insurgente — 105
9 Como pensar o futuro da humanidade? — 111
10 A beleza do mundo — 119
11 Pensar a unidade da ciência — 129
12 O cidadão do mundo — 139
13 A ameaça do terrorismo — 147
14 O que esperamos dos intelectuais hoje? — 161
15 Consequências da pandemia — 169
16 Vacinas — 181
17 Nascido sob o signo de Gêmeos — 191
18 Amor de novo e sempre — 205
19 O eterno apaixonado. O amor como segredo da longevidade — 211

À guisa de epílogo — 221
Agradecimentos — 223

Prefácio

Laure Adler

Gosto de Edgar Morin há muito tempo, e o fato de ele acabar de superar com garbo o marco do centenário não me rejuvenesce! Mas só na aparência, porque quem convive com Edgar rejuvenesce e não tem vontade de estagnar. Mas é preciso estar em forma para acompanhá-lo em seu raciocínio rápido, suas argumentações e reflexões. Pois Edgar Morin é uma máquina infernal de pensar. Aliás, mesmo fazendo de conta que é um dândi despreocupado, Edgar trabalha o tempo todo. Trabalhar para ele significa arregaçar as mangas, ou seja, pôr mãos à obra, valendo-se de todos os meios: ouvir uma peça de *bel canto*, ler um artigo de medicina na revista *Nature* ou verificar fontes científicas na internet do outro lado do mundo fazem parte de seu mínimo vital diário.

Tal como um carpinteiro em sua bancada, ele monta, compõe, reúne, reflete. Pode-se dizer que seu pensamento é artesanal no sentido mais nobre do termo, de tal modo – como seu mestre Gaston Bachelard –, ele parte do concreto da existência para pensar suas complexidades. Nem por isso deixa de ser um grande teórico, ao mesmo tempo que continua contrário ao predomínio da tecnologia e a ser chamado de mestre.

Uma de suas paixões intelectuais é o princípio de incerteza. Nunca acreditar que as coisas estão fixadas, que os conhecimentos estão acabados, que a estabilidade seria uma forma de proteção. Muito pelo contrário, o mundo está em movimento, e os juízos definitivos devem, por princípio, ser banidos.

Edgar não tem escola, Edgar não tem aluno, mas suas ideias caminham.

Edgar é um aventureiro do conhecimento. Não tem alvará para pensar, nem diploma – nunca é demais reiterar a força e o poder dos autodidatas – e não gosta de terras circunscritas nem de domínios especializados.

É o especialista de tudo, ou seja, de nada. Move-se permanentemente, carregando na bagagem muitos conhecimentos em diferentes disciplinas, mas também um senso agudo de observação, amor pela vida e muita malícia.

Edgar, o indisciplinado.

Hoje é conhecido, celebrado, arquicélebre. Isso o faz rir, mas não é o importante para ele: o principal é continuar podendo pensar.

Quando o conheci, no início da década de 1970, ele estava razoavelmente isolado e sozinho em sua espécie. Aliás, era esse o seu encanto. Nem mandarim nem guru pós-68, Edgar, na época, já desbravava campos sociológicos impensáveis para as instituições: notícias falsas, morte, relação com o território, progresso. Com dificuldades, conseguia ser financiado e ter ao seu lado uma plateia de estudantes prontos não só a assistir a seus seminários, mas também a sair em campo para se tornar atores daquela renovação disciplinar da sociologia que sentíamos com tanta intensidade.

Havia também outra coisa: era a relação não hierárquica que ele estabelecia com os alunos, que ele considerava seus alteregos e com os quais passava o tempo. Estávamos ainda em plena redefinição da relação professor/aluno: detestávamos os "sabidos" que entregavam do alto de suas cátedras um conhecimento "frio", mas tínhamos pouca consideração por aqueles que, com status de professor, quase não lecionavam, pretextando que aprender era coisa superada.

Edgar, porém, ficava no meio: com ele, tínhamos a impressão de que participávamos da elaboração de seu saber e tínhamos também a sensação de que cada um de nós era coautor de uma pesquisa coletiva que ele almejava e da qual tínhamos a sorte de participar.

Com ele, o conhecimento era móvel, sensível, em permanente redefinição, e cada acontecimento da vida cotidiana podia ser sua fonte. Uma manifestação estudantil, um concerto no Olympia, uma conversa com um vizinho sobre os tempos passados etc.

O que nos atraía era essa relação com o palpável e já a capacidade fenomenal de Edgar de aprender saberes novos e criar tensão entre campos disciplinares emergentes para pôr à prova "sua própria disciplina" e colocá-la em risco.

Pois Edgar é o oposto do sabichão que vive pontificando. Ao contrário, é aquele que diz não saber muita coisa, mas que talvez vá aprender alguma coisa.

Edgar é um desestabilizador, um operador de consciência, um demolidor de verdades estabelecidas. Um pesquisador insatisfeito também. Nunca se contenta com o que tem nem com o que lhe é dito.

Para seus múltiplos conhecimentos, vale-se muito das novas tecnologias como fontes de saberes híbridos. Seu método de pôr em dúvida sistematicamente certezas adquiridas caminha de mãos dadas com uma forma de humanismo. Ele está sempre procurando o que pode ser o mais respeitoso, o mais fraternal para cada um de nós.

Utópico, Edgar? Não realmente. Antes, um realista feliz. O próprio fato de ter atravessado seu século lhe dá alguma experiência mnemônica, mas também corpórea e sensorial do século XX, permitindo-lhe refletir com profundidade e serenidade sobre nosso presente inquieto. Também nesse caso, ele não banca o velho sábio ou aquele a quem se deve grande respeito, em razão do peso dos anos. Mas ele se vivencia como um pesquisador apaixonado em busca do raciocínio mais correto, baseado no conhecimento mais aprofundado. Tal como o caçador de borboletas com sua rede, ele corre pela floresta da realidade em busca de parcelas de verdade.

Edgar era daqueles professores com quem íamos almoçar, depois jantar, depois dançar. Como querer que nos afastemos de um cavalheiro que não só nos ensina coisas sobre nossa vida, mas também está sempre irradiando alegria e felicidade?

Estas entrevistas desenrolaram-se durante um longo período de tempo, algumas são datadas porque correspondem a momentos precisos de nossa história, e certas afirmações se referem a dadas circunstâncias. Toda vez que havia um acontecimento importante, meu único reflexo era ligar para Edgar e perguntar como ele sentia aquele fato e como poderia colocá-lo em perspectiva. Desse modo, neste livro ele fala, por exemplo, da tragédia de 13 de novembro de 2015 e da pandemia de covid, que está longe de terminar.

Edgar sempre recontextualiza e nos possibilita refletir. Como escreveu tão bem Hannah Arendt, ele é um intelectual que "pensa o acontecido". Ele doma a brevidade para inseri-la na duração e projetar as possíveis consequências no futuro.

Nisso, ele é uma espécie de dono do tempo, a tal ponto são raros os intelectuais capazes de abarcar com sua experiência e suas análises os séculos XX e XXI.

Ver Edgar durante todos esses anos foi uma lição de otimismo. Naturalmente benevolente, ele nunca se envaidece e enraíza seus raciocínios no chão da vivência. No final de seu magnífico livro, *Lições de um século de vida*, publicado em 2021, Edgar escreve: "[...] tudo o que fiz de bem foi inicialmente incompreendido e julgado mal. No entanto, eu não quis nem procurei ser atípico ou rebelde."

Com este caçador do saber, vamos, portanto, partir para essa viagem na forma como ele gosta: perambular.

1

Uma infância atormentada

LAURE ADLER — Você se lembra dos olhos de sua mãe?

EDGAR MORIN — Tenho uma foto dela, então o olhar dela está presente para mim, restituído por aquela fotografia. O olhar dela era muito agudo. No entanto, não me lembro da voz dela. Fiquei muito surpreso quando uma vizinha, que morava no mesmo prédio, me contou, 30 ou 40 anos depois, que ainda ouvia a voz da minha mãe me chamando.

L. A. — Você é um grande filósofo, sociólogo, intelectual envolvido em muitas disciplinas, da ecologia à ciência, da filosofia à política. Nunca transigiu quando a verdade estava em jogo. Em seu livro *Autocritique*,* publicado em 1959, explicou como, depois de pertencer ao Partido Comunista durante vários anos, decidiu deixá-lo. Você praticou a arte autobiográfica como elucidação de seu próprio itinerário, mas também dos intelectuais do século XX. Eu também me lembro do belo livro

---

* Julliard, 1959. Lit., Autocrítica, não foi traduzido em português. [N.T.]

com a coautoria de sua filha Véronique Nahoum-Grappe, publicado em 1989, dedicado a seu pai, intitulado *Vidal e os seus*.* Por que demorou tanto – sessenta e seis anos – para sair esse texto sobre sua mãe?

E. M. — Foi um acaso. Escrevi esse texto quando tinha 25 ou 26 anos. Não era para me liberar, mas por uma necessidade incoercível. Guardei totalmente esse segredo. Não falei sobre ele nem com meus melhores amigos.

L. A. — Por que não falava da morte de sua mãe? Era indecoroso?

E. M. — Em primeiro lugar, porque eu tinha a impressão de que ser órfão era uma tara no meio de todos os outros que tinham mãe. Mas foi também por ter sido inibido pelas condições em que ela morreu, pelas mentiras que me contaram, pelos sofrimentos que me foram causados pela incompreensão da minha família e minha própria incompreensão em relação a eles. Durante vários dias, minha família nem sequer me avisou da morte de minha mãe. Por mim mesmo eu entendi um dia, e nesse dia fui me trancar no banheiro para chorar. Meu pai achava que eu estava com diarreia e ficava me chamando; eu afirmava que estava tudo bem. Portanto, era uma dor profundamente secreta. Mesmo quando escrevi esse livro, mais tarde, não queria conflito com meu pai, principalmente por causa do papel da minha tia nessa história. Eu não pensava de jeito nenhum na publicação. Não queria exteriorizar a coisa. Sempre que me mudava ou viajava, no entanto, levava aquele texto datilografado comigo. Não sei como sempre consegui conservá-lo, às vezes o perdi, mas sempre o reencontrei. Quando o editor da Actes Sud me pediu um ensaio, expliquei que a única coisa que eu tinha era um romance não muito romanceado, sobre a morte de minha mãe.

---

* O título original é *Vidal et les siens* (Seuil, 1989). Essa obra foi traduzida em Portugal como *Vidal e os seus*, Instituto Piaget, 1994. [N.T.]

Ele ficou interessado, enviei-lhe o texto, e o diretor literário o achou publicável. Agora fico contente com ele. Mais contente até do que com todos os meus outros livros.

L. A. — Por que tem esse sentimento de libertação, após a publicação desse livro sobre sua mãe? É uma espécie de reconciliação com um passado deletério que o impedia de respirar?

E. M. — Não é tanto uma libertação, é mais um contentamento por fazê-la reviver fora de mim. É uma mulher que até então só vivia por meu intermédio. Meu pai a tinha esquecido, tinha vivido um relacionamento. Por outro lado, eu era filho único. Portanto, ela só existia para mim. Eu lhe dei uma existência pública, e foi isso que me deixou contente. Aquela publicação era uma alegria para mim, embora, na releitura das provas, eu ainda caísse no choro. Na minha idade, hoje, não esqueci minha mãe, não só por ela ter morrido em condições trágicas, mas também porque eu era filho único, e só podia ser assim, porque minha mãe tinha uma lesão no coração, motivo pelo qual não deveria ter filhos. Ela queria me abortar, mas não conseguiu. Eu era filho único e o único objeto de adoração por parte dela, porque ela não amava tanto o meu pai. Em contrapartida, ela era o único objeto de minha adoração. Por isso, apesar de tudo o que me aconteceu na vida, felicidades, infortúnios, eu nunca a esqueci. Uma vez, por causa de um esgotamento muito grande, fui a uma massagista, que tinha uma concepção um bocado esotérica de seu trabalho. Por meio da sensibilidade dos dedos, ela sentia as coisas. Fez-me uma longuíssima massagem de duas horas e, quando terminou, disse que enquanto estava me massageando, minha mãe tinha ido me visitar. Aquilo me pareceu ao mesmo tempo verdadeiro e falso. É interessante como ela permanece presente em mim de modo indelével.

L. A. — Você tinha que idade quando sua mãe faleceu?

E. M. — Eu tinha 10 anos e foi terrível, porque é a partir de 9-10 anos que a gente tem consciência da morte como aniquilação do outro, e não apenas como simples desaparecimento.

L. A. — Você é um especialista na abordagem da morte e do comportamento que os vivos têm em relação à morte. Foi um dos primeiros a abordar esse assunto com o seu livro *O homem e a morte** em 1951. No entanto, foi só quando atingiu os 96 anos que finalmente teve coragem de lançar esse livro.

E. M. — Nem é questão de coragem, mas de aceitação dos outros, de aceitação do estímulo. Quando eu quis escrever *O homem e a morte*, que comecei em 1948-1949, logo após esse manuscrito, estava pensando não só na morte que me atingiu por intermédio de minha mãe, mas também na dos meus amigos mortos na deportação em condições atrozes. Para mim, a morte era o escândalo absoluto, e eu sentia necessidade de elucidá-la. Nunca se pode entender a morte, apesar de conhecermos as razões científicas e biológicas, mas eu queria entender as atitudes humanas diante da morte. Por isso fiz aquela vasta investigação que remontava à pré-história, à história das sociedades, à psicologia.

L. A. — Portanto, podemos entender seus engajamentos intelectuais e seus temas sociológicos prediletos por meio da história de sua própria infância.

E. M. — Sem dúvida, especialmente porque a morte da minha mãe gerou em mim dois sentimentos antagônicos: por um lado, desespero,

---

* Corréa, 1951; Seuil (ed. revista e aumentada), 1976. Em português, *O homem e a morte*, Imago, 1997, trad. Cleone Augusto Rodrigues. [N.T.]

niilismo profundo: eu não conseguia acreditar em nada, sobretudo porque meus pais não tinham me dado uma moral, uma ética, uma filosofia profunda; por outro lado, necessidade de amor, como se em mim houvesse ocorrido uma hemorragia de amor. Esses foram os dois sentimentos que me guiaram na vida. Depois disso, meu niilismo se alimentou da leitura de Montaigne. Assumiu uma dimensão diferente, a do ceticismo associado a um sentimento de angústia humana, de desventura, que encontrei também em Dostoiévski, Tolstói e Chekhov. Foi isso o que finalmente me orientou. Toda a minha vida acaba sendo determinada por esse conflito permanente entre a dúvida e a necessidade de amor, fé e comunicação.

L. A. — Em seu livro *L'Île de Luna*,* narrativa ficcional que entendemos rapidamente ser sua própria experiência do desaparecimento de sua mãe, você faz observações sociológicas que podem parecer muito estranhas hoje. Você percebe que seu pai e todos os seus familiares esconderam de você as circunstâncias dessa morte, como se a morte fosse obscena, fosse um segredo.

E. M. — Meu saudoso pai queria me ensinar as coisas progressivamente. Dizia que ela tinha ido fazer um tratamento em Vittel. Minha tia me dizia que ela tinha feito uma viagem ao céu. Eu sabia que eram imbecilidades. Eu tinha horror àquelas "bobagens". Mas meu pai acreditava que o doloroso seria ficar sabendo daquilo abruptamente. Ele não entendia que eu precisava dizer adeus a ela. Esse adeus, que eu não pudera dizer à minha mãe, eu disse por meio de um sonho, na Califórnia. Eu tinha convidado meu pai e sua nova mulher, que era minha tia, a ir ter comigo em La Jolla e, na véspera da chegada deles, sonhei que minha mãe chegava de uma colina, saindo de um ônibus com outras

---

* Actes Sud, Paris, 2017. Lit., A ilha de Luna. [N.T.]

pessoas; ela descia a colina, em minha direção, e eu corria para beijá-la. Eu lhe dizia "adeus", e ela dizia que não podia ficar muito tempo, porque precisava pegar um trem. O fato de lhe ter dito adeus, mesmo em sonho, de forma imaginária, me causou alegria, embora também me sentisse triste pela manhã. Lembro que ela ouvia com frequência "El Relicario", canção espanhola triste e melancólica. Depois de sua morte, essa canção estava num disco que eu punha para tocar o tempo todo e, finalmente, eu a aprendi de cor. É uma canção eterna para mim. Gosto de cantá-la nos momentos importantes da vida. A letra da canção conta a morte de um toureiro. Uma mulher belíssima o vê, é atraída por ele. Ele a vê também e pede-lhe que ponha o pé sobre sua capa, para fazer um relicário que ficará com ele. Na segunda estrofe, ele vai para a tourada, e o touro fere-o mortalmente. O toureiro dirige-se de novo à mulher e lhe sugere que coloque outra vez o pé sobre sua capa para fazer dela um relicário.

L. A. — Muita coisa evoluiu em nossa mentalidade no que diz respeito à perda de um ser próximo. Você explica que não gostava de usar braçadeira preta e a tirava assim que estava longe da família, que o obrigava a usá-la. Lembro-me de uma época em que as pessoas se vestiam de preto quando acabavam de sofrer a perda de alguém. Tudo lhe foi escondido, mas, inconscientemente, você sabia a verdade, porque as crianças sempre a reconhecem.

E. M. — Não foi nem inconscientemente, porque eu vi meu pai vestido todo de preto. Entendi que ele estava de luto e que minha mãe tinha morrido. Ele não compreendeu que, vestindo-se todo de preto, me revelaria tudo.

L. A. — Portanto, você criou histórias sobre a ausência de história. Isso o deixou mais infeliz do que se a verdade lhe tivesse sido dita.

E. M. — Exatamente! Entendo que seja possível contar uma mentira piedosa por algumas horas; mas aquela atitude, que ele achava muito boa, para mim foi nefasta e estragou minha relação com minha família durante vários anos.

L. A. — Você interpela a morte, você a convoca. Parece até que está toureando com essa morte que lhe esconderam, que foi subtraída.

E. M. — É de fato um paradoxo. Ao mesmo tempo que a olho, que a enfrento, que quero encará-la, executo uma operação de exorcismo, que é insuficiente, claro. O que me aconteceu em relação à minha família é, na verdade, a tragédia extrema do mal-entendido, que ocorre com tanta frequência. O mal-entendido, no caso, foi que eu os detestava por acreditarem que estavam fazendo o que me faria bem. E acreditavam que eu era insensível, que não amava minha mãe, e a prova disso era que, de acordo com eles, quando me convidaram a ir ao cemitério no primeiro aniversário da morte de minha mãe, eu recusei, dizendo que preferia ir ao cinema. Foram necessários muitos anos para que esse mal-entendido atroz se explicasse e que meu pai entendesse que eu adorava minha mãe. Tudo isso já passou. Mas agora vejo melhor todos os problemas existentes nas famílias, as polêmicas criadas. Somos engolidos, destruídos pelo fato de nunca entendermos o que o outro vai dizer, o que ele pensa. É um trabalho de saúde pública lutar para nos entendermos mutuamente.

L. A. — "A mãe tinha partido para sempre, ele seria seu órfão para sempre, mas ela seria para sempre sua deusa." Em *A ilha dos mortos*, de Böcklin, há uma ilha inalcançável, como o amor de sua mãe. Você conseguiu se juntar a ela, apesar de tudo, graças à escrita.

E. M. — Em primeiro lugar, gostaria de dizer que divinizei minha mãe de modo natural, porque o nome dela era Louna, nome daquele astro feminino por essência. Fico à espera das noites de lua cheia. O quadro de Böcklin, que sempre me habitou, por sua vez me faz pensar também na Ilha dos Mortos em San Michele, Veneza. Assim que vi a lua aparecer, elevar-se no céu, estabeleci a identificação com minha mãe. Ainda hoje, a lua cheia me dá a sensação de entrar numa espécie de comunicação com ela.

2

Procurar não implica necessariamente encontrar

L. A. — Pela primeira vez, em *Autocritique*, você comunica uma reflexão antropológica e filosófica que vai permear o conjunto de seu itinerário intelectual e de sua vida de pesquisador. Você fala insistentemente na palavra "magia". O que a magia representa para você?

E. M. — A magia é, por um lado, uma concepção de mundo da qual brotam certas práticas. Essa concepção é a de um mundo baseado na analogia universal. Por exemplo, um curandeiro pode curar uma pessoa por meio de uma foto. Por outro lado, baseia-se na capacidade de comandar fenômenos e acontecimentos de modo aparentemente não natural, sobrenatural. A magia tem belíssimas formas atenuadas, como a poesia. Poesia é analogia. É uma visão de mundo diferente da lógica racional que domina a prosa. Há um halo de magia que nos cerca. Na vida, a magia é um subsolo em cada um de nós.

L. A. — Mas magia é algo não racional, que não é da ordem do rigor científico. Ora, você é um grande cientista. Mas acaso acha que, na criação dos conceitos que elaborou e continua a elaborar sobre a complexidade do mundo, sobre a possibilidade de interpenetração de disciplinas científicas e disciplinas humanistas, o papel do oculto, do mágico, ainda é importante hoje?

E. M. — O que estou tentando fazer é ter uma concepção racional das coisas e do conhecimento. Mas reconhecendo, ao mesmo tempo, os limites da racionalidade e da lógica. Ou seja, estou aberto para a parte desconhecida do mundo. A magia sempre acompanhou tanto as sociedades e as civilizações, que talvez fosse bom verificar melhor. Há coisas sobre as quais não tenho certeza.

L. A. — Hoje estamos em sua casa, em Montpellier. O tempo está muito bonito. Você está vestido como um rapaz, com uma echarpezinha de seda no pescoço. Por isso, não consigo ver se está com aquilo que usou durante anos e ainda pode estar usando, aquela coisinha em volta do pescoço para afastar o azar.

E. M. — Eu tenho umas bugigangas. Tenho algumas superstições. Mas, você sabe, em se tratando de superstições, a gente acredita sem acreditar. Há coisas que a gente conserva por superstição, mas também por questões afetivas. Por exemplo, tenho um anel que foi feito de uma correntinha de ouro que meu pai me deu quando eu era bebê. Depois que estava mais crescido, ele o transformou em anel, e é um anel que tenho desde a infância e também conservo por questões afetivas. Por que uso dois, três ou quatro anéis? Não sei. Tenho vontade. Tenho um anel com as sílabas sagradas do budismo. Tenho assim, por ter. Acho que há uma parte não racional da minha vida. Primeiro vem a parte que chamo de poética, que não é irracional, é transracional: é algo que está ligado à nossa vida, ao desabrochar de nosso verdadeiro ser. Há magia nos olhares quando amamos, podemos ser fascinados por um rosto. São coisas que vivemos de forma muito importante e não se reduzem a raciocínios, principalmente quando são poéticas. Eu lhes atribuo suma importância.

L. A. — Quanto mais avança na existência, Edgar Morin, mais você tenta elucidar justamente essa parte de mistério em sua própria vida. A impressão é de que você tenta entender o que significa estar vivo, quem lhe deu a vida e como ela é conservada.

E. M. — Primeiro houve o mistério do meu nascimento, pois minha mãe tinha uma lesão no coração que a impedia de ter filhos e a expunha a risco de vida. Não sei por que nem como isso foi escondido de meu pai. Quando eles se casaram, minha mãe ficou grávida pela primeira vez. Foi procurar uma fazedora de anjos, como se dizia na época. Não havia interrupção legal da gravidez, a mulher lhe deu não sei que produto abortivo, e ela abortou. Mas meu pai, achando que tinha sido um aborto natural, fez outra criança. E aí, minha mãe tentou novamente abortar. O polichinelo, vamos dizer assim, agarrou-se.* Resistiu. Acho que eu devia estar já muito perturbado pelo veneno que me haviam dado. Como minha mãe não conseguiu abortar, meu pai foi avisado. O médico disse "vamos salvar a mãe", portanto, eu saí de nádegas, com o cordão umbilical em volta do pescoço. O médico levou meia hora me dando tapas para eu soltar o primeiro grito.

Logo, minha mãe precisava me matar para viver, e eu precisava matá-la para viver. É mais ou menos assim, mas sem que tivéssemos consciência. Isso acarretou inexoravelmente o fato de eu ser filho único e de viver agarrado à saia da minha mãe. Ficamos morando na casa da irmã de minha mãe, minha tia Corinne, que, em dado momento, achou que estava fazendo a coisa certa ao me dizer: "A partir de agora, sua mãe

---

* Aqui Morin faz alusão a uma expressão francesa para representar a gravidez: *Avoir un polichinelle dans le tiroir* ou *sous le tablier*, literalmente, "ter um polichinelo na gaveta" ou "debaixo do avental". [N.T.]

sou eu." Esse ato, que ela acreditava ser benevolente, eu considerei uma usurpação. Minha tragédia não foi apenas passar por um sofrimento indescritível por causa da perda de minha mãe, mas também viver com aquele horror da mentira e com uma rejeição à minha família, que eu amava ao mesmo tempo. Portanto, vivi verdadeira solidão. Consegui falar de minha mãe pela primeira vez quando tinha 20 anos. Então, digamos, é um acontecimento que ainda está presente hoje em dia. Apresenta-se assim que sinto alguma tristeza, alguma dor – é curioso o fato de nesta idade tão avançada eu ainda sentir essa coisa de criança. Cicatrizou, mas é incurável. Acho que, efetivamente, essa coisa me perturbou tanto que quase me matou, porque, no ano seguinte, tive uma doença desconhecida com febres de 40-41°C. Talvez, inconscientemente, eu quisesse morrer como ela, mas fui salvo. Talvez tenha adquirido dupla resistência à morte. Primeiro, como embrião, por ter resistido ao abortivo. E, em segundo lugar, depois daquela doença, da qual fui salvo, fiquei obcecado pelo problema da morte de minha mãe. E mais tarde, durante a Resistência, tive de suportar a morte de amigos ou parentes que foram deportados. Portanto, é o acontecimento da minha vida. Eu diria que é o Acontecimento de minha vida, com A maiúsculo. Isso me deu duas coisas contraditórias. A primeira é um ceticismo generalizado, o niilismo. Porque, morrendo a mãe, morrendo o amor, não se acredita em mais nada. A segunda é uma necessidade insana de amor. Mas fui privado de tudo isso até os 20 anos. Eu tinha amigos, mas não era por aí. Do ponto de vista intelectual, foi muito importante, porque, por um lado, li Anatole France, escritor muito cético que não se lê mais hoje. Eu achava que ele me dava respostas, que me entendia. E, pouco depois, li um autor que encarna exatamente o contrário. *Crime e castigo*, de Dostoiévski, que fala do amor redentor. É o autor que entendeu melhor os piores sofrimentos do ser, que não são sofrimentos de dor física, mas sofrimentos morais e psicológicos. Eles eram minhas duas fontes. De um lado, Tolstói e Dostoiévski; de outro,

Anatole France, Montaigne e a confluência dos dois, Pascal. Por quê? Porque Pascal faz a aposta da fé.

Fique bem claro, não tenho fé religiosa, mas fiz a aposta da fraternidade, do amor, e acreditei ser esse o meu caminho. O caminho de Eros contra Tânatos. Inconscientemente, mesmo mantendo a vontade de conservar um espírito cético, de manter a dúvida, era sobretudo o caminho do amor, da união, da amizade, da fusão etc. E minha vida foi guiada por essa relação complementar e conflituosa entre a dúvida e a fé, a fé no amor – e não em Deus – e a razão e a religião, religião também, no sentido de tudo o que pode nos religar, daquilo que chamei de "religância". Não sei se, caso minha mãe não tivesse morrido, eu teria ido nessa direção, que é exatamente o sentido da complexidade, pois eu vivia animado por pulsões contraditórias que, no entanto, eram ambas necessárias. Talvez seja esse o meu destino. Quando penso nisso, minha mãe retorna, porque lhe devo ao mesmo tempo tudo o que perdi e tudo o que adquiri. Posteriormente, eu me reconciliei com meu pai. Entendi a virtude dele. Você falou daquele livro que lhe dediquei, mas, claro, demorei muito para entendê-lo e, no fim, eu coloquei os dois no mesmo túmulo, apesar de tudo o que aconteceu depois.

L. A. — Publicamente, há vários Edgar Morin. Há o Edgar Morin celebrado no mundo inteiro. Há o Edgar Morin que tem direito a estátuas em quase todo o mundo, sobre quem se fazem simpósios. Há muitas publicações assinadas por Edgar Morin. Há milhares de páginas escritas. Há o Edgar Morin antropólogo. Há o de Plozévet. Há o de *La rumeur d'Orléans.** Há o cientista Edgar Morin. Há o Edgar Morin que foi, antes de todos, para os Estados Unidos, Califórnia, que escre-

---

* Literalmente, *O boato de Orléans,* estudo coletivo assinado por Edgar Morin em conjunto com Bernard Paillard, Evelyne Burguière, Julia Vérone e Suzanne de Lusignan sobre uma notícia falsa que causou grande comoção na cidade de Orléans no ano de 1969: ao entrarem em provadores de lojas de judeus, mulheres jovens estariam sendo raptadas para serem levadas à prostituição. [N.T.]

ve aquele diário magnífico, que fala precisamente daquela juventude estudantil e que descobriu as novas ciências. Há o Edgar Morin do pensamento complexo. Todos esses Edgar Morin se fundem num só? Edgar, você tem várias vidas?

E. M. — Várias facetas, mas acredito que uma grande unidade. A primeira unidade vem do modo de pensar que chamo complexo, que tenta ver os múltiplos aspectos, mesmo contraditórios, de um fenômeno, que tenta ver os elos entre coisas que, em geral, nossa educação nos obriga a separar. Essa personagem única é animada, primeiro, por uma reflexão sobre o conhecimento, pois o conhecimento é, ao mesmo tempo, uma fonte permanente de erros e ilusões. Isso é a *Autocrítica* também. Porque entendi que o mal estava em meu conhecimento. Isso me levou, no livro *O método*,* a aprofundar a investigação de uma investigação pertinente. Mas essa investigação está ligada, ao mesmo tempo, àquilo que hoje já não pode ser chamado de "antropologia", pois a antropologia agora está circunscrita às populações sem escrita. Mas antes era uma reflexão sobre o homem. É uma humanologia, como diz meu amigo Jean-François Dortier, sociólogo que abarca todas as ciências humanas, ao falar de todas as disciplinas. No fundo, sou um humanólogo. Se você considerar *O homem e a morte*,** *O paradigma perdido, a natureza humana*,*** o volume de *O método* chamado *A humanidade da humanidade*, minha preocupação é: "O que é o humano? O que significa ser humano?" É algo que não é apenas individual, mas social e biológico. É isso o que tento entender. Se eu quiser entender o que é o humano, precisarei ter um conhecimento pertinente. Portanto, a questão do conhecimento e a questão de nossa

---

* No Brasil, *os seis volumes de O método* foram publicados pela Editora Sulina, Porto Alegre, de 2002 a 2005. [N.T.]

** *O homem e a morte*, Imago, 1997, trad. Cleone Augusto Rodrigues. [N.T.]

*** *O paradigma perdido: a natureza humana*. Europa América, Mem-Martins, Portugal, 1991, trad. Hermano Neves. [N.T.]

humanidade estão ligadas. Kant indagava: "O que posso saber? Em que posso crer e o que posso esperar?", e disse: "Para responder a essa pergunta, é preciso saber o que é o homem." Acho que permaneci fiel a esta pergunta inseparável: "O que é o humano? O que é conhecimento?" Essa é a unidade do meu pensamento.

Essa unidade não está apenas no plano da reflexão, do estudo. Ela também me impeliu para o plano da intervenção, pois acredito que quem tem um pensamento humanólogo sente-se ligado ao destino da espécie humana, sente que somos uma partícula ínfima de uma aventura gigantesca que não só começou com a pré-história, mas continua com uma certeza absoluta, sempre com incógnitas e surpresas, mas é a continuação da história da vida e do universo. Estou num momento dessa aventura humana e não posso me dissociar dessa aventura, sabendo que ela é indissociável da aventura do universo. Sinto que tomar o partido de Eros contra Tânatos é tomar partido contra opressões, dominações, mentiras, crueldades, a favor da compreensão, da fraternidade, da humanidade. A Resistência correspondeu a esse desejo em mim. E, subsequentemente, senti que devia continuar a estar presente no *front* das duas barbáries que hoje estão irrompendo outra vez. Isso é um pouco do que compõe minha unidade através dos estudos mais diversos, porque interrogo os mesmos problemas humanos quando tento entender maio de 1968 ou o problema da morte.

L. A. — Como foi inventado o seu pensamento sobre a complexidade?

E. M. — Esse pensamento nasceu primeiramente de algo muito pessoal. Meu pai não me proporcionou nenhuma cultura, portanto tive de buscar minhas verdades sozinho, por meio de leituras. Como eu tinha um temperamento bastante plástico e não havia nenhuma verdade ancorada em mim, toda vez que deparava com uma teoria, via suas contribuições, depois deparava com a teoria contrária e a considerava boa também. Na adolescência, achava que era preciso fazer uma revolução, mudar tudo, e depois me convenci do contrário, de que a revolução destrói, sendo melhor reformar. Portanto, eu tinha me acostumado à ideia de que é preciso buscar o humano em todas as coisas.

Por isso, ao entrar na faculdade, eu me matriculei em filosofia, disciplina que, aliás, continha a sociologia. Também me matriculei em história e direito, porque nessas faculdades também se ensinavam economia e ciência política. Desse modo, ganhei cultura em várias disciplinas. Para escrever meu primeiro grande livro, *O homem e a morte*, frequentei a Biblioteca Nacional durante um ano e descobri que no item "morte", na biblioteca, havia apenas duas obras religiosas. Portanto, eu precisava procurar informações na pré-história, em etnografia, ciência das religiões, história, literatura e até na psicologia infantil, pois está demonstrado que é a partir de 9 a 10 anos que o pensamento da morte surge nas crianças. Então tive de fazer um giro por todas as disciplinas. Foi uma navegação maravilhosa, que me possibilitou descobrir muitas coisas. Li os psicanalistas, não só Freud, mas Ferenczi, Rank... Também precisei mergulhar de novo na biologia. Portanto, tive de reunir todos esses elementos, apesar de suas contradições, para entender, por exemplo, como explicar que, na antiguidade, a humanidade tivesse tanto horror da morte, ao passo que naquele momento se acreditava na existência de uma vida após a morte. Como explicar que seres humanos estejam dispostos a dar a vida para salvar a família, a pátria?

A partir desse momento, pratiquei complexidade sem lhe dar esse nome. Descobri a palavra "complexidade" enquanto pesquisava na Califórnia em 1969, com a descoberta da cibernética e do sistematista W. Ross Ashby, que foi o primeiro a definir a complexidade como o que indica a variedade em dado sistema, a unidade na diversidade. Então, graças a outras leituras, como a de Heinz von Foerster e John von Neumann, comecei a ver que a complexidade era um desafio encontrado em todas as áreas. A ideia de escrever um livro sobre o método de enfrentar o desafio da complexidade surgiu espontaneamente, porque eu tinha a palavra adequada. No início, pensei que havia a necessidade de um conhecimento complexo, depois, de um pensamento complexo. Eu podia aplicá-lo à minha própria pesquisa de campo, como sobre maio de 1968. Portanto, era uma ideia que vinha de minha própria natureza, e que minha curiosidade aos quarenta e depois aos cinquenta anos me permitiu atualizar.

Há também aquele fato importante ressaltado por meu amigo e filósofo Jean-François Lyotard na década de 1970, ao afirmar que estávamos vivendo o fim das grandes narrativas. Com isso ele queria dizer que as grandes narrativas comunistas e marxistas já não se sustentavam. É verdade, mas ele não percebia que se abriam as portas para outras grandes narrativas. Michel Serres viu bem esse fato. Em primeiro lugar, trata-se de novas narrativas sobre a humanidade: em decorrência da descoberta de Tumai* pelo paleontólogo Michel Brunet, entendemos que o aparecimento do *Homo sapiens* na Terra só ocorreu há sete milhões de anos, isto é, há não muito tempo. Chegamos assim à conclusão de que a vida orgânica foi feita com os mesmos elementos químicos do restante da matéria. Mas sua organização é muito mais complexa, comportando qualidades novas. Portanto, está sendo implantada uma nova narrativa: a da hominização, da evolução biológica da qual proviemos. Nossas partículas têm origem nas que constituem o universo. Somos inteiramente filhos do cosmos e do planeta, com as diferenças, claro, que moldam nossa cultura, nossa consciência, nosso cérebro. No entanto, agora há uma grande narrativa possível, feita por todas as ciências ao mesmo tempo. Eu sou um interligador, meu trabalho consiste em interligar, é isso.

---

* Segundo a grafia francesa, Toumaï. Nome dado ao *Sahelanthropus tchadensis*. [N.T.]

3

Resistir

L. A. — Edgar Morin, você é filósofo, sociólogo, profeta da modernidade, inventor da palavra *yéyé*,* mas também da complexidade. Eu gostaria de voltar a seu texto *Autocritique*, que teve forte repercussão no mundo intelectual por várias razões; por um lado, porque era o primeiro exercício de um intelectual que dizia por que e como se tornara cego por vontade própria; por outro, porque esse texto goza de contemporaneidade hoje em dia, no que se refere a todo processo de cegar ou dominar as pessoas, por parte de forças externas ou internas. Você nos explicou como se deu sua formação intelectual, na juventude, por meio dos livros que leu e, depois, graças à sua maneira de perceber a Guerra Civil Espanhola, por ser grande sua proximidade com os republicanos espanhóis. Em seguida, no início da década de 1940, depois de se considerar sobretudo pacifista, você, assim como Simone Weil, guinou

---

* Na França, palavra usada para definir o estilo das canções adaptadas dos sucessos americanos, em voga entre os jovens da década de 1960. Seus maiores representantes: Johnny Hallyday, Eddy Mitchell, Sylvie Vartan, Richard Anthony, Claude François, Françoise Hardy. No Brasil, a palavra usada para designar o estilo nascido das mesmas fontes foi iê-iê-iê. Do inglês *yeah yeah*. [N.T.]

para o lado da Resistência. Agora vamos falar da Resistência. A partir de quando, por que e como você entrou na Resistência?

E. M. — Em primeiro lugar, deve-se lembrar que a ofensiva nazista na União Soviética é desencadeada em junho de 1941 e avança fazendo milhões de prisioneiros, invadindo grande parte da URSS, especialmente a Ucrânia, até chegar às portas de Moscou em dezembro de 1941. Naquele momento, nós, de fora, achávamos que, infelizmente, a União Soviética estava perdida. Aliás, eu me lembro de um artigo de Emmanuel Mounier na revista *Esprit*, dizendo que a hipoteca comunista estava finalmente resgatada.

No entanto, verificou-se que o exército alemão tinha atolado em chuvas torrenciais inesperadas e depois tinha sido congelado por um frio prematuro. Stálin – disso sabemos agora –, informado por seu agente no Japão, Richard Sorge, de que os japoneses não atacariam a Sibéria, conseguiu deslocar, graças a uma logística formidável, organizada por Jukov do extremo Leste para Moscou, as tropas experimentadas que estavam então na Sibéria. Eram bem treinadas, equipadas com katyushas e tanques. Jukov, nomeado comandante do *front* de Moscou, em 3 de dezembro de 1941 desencadeou a primeira ofensiva, que provocou a primeira derrota nazista, a primeira vitória soviética, salvando Moscou e obrigando as tropas alemãs a recuar 200 quilômetros. Dois dias depois, o Japão atacava Pearl Harbor, e os Estados Unidos intervinham na guerra, que se tornou mundial. No início do ano de 1942, a esperança renasceu, ao passo que, até então, as probabilidades eram de dominação duradoura da Alemanha na Europa.

Incitado por amigos militantes comunistas, começo a participar de pequenas ações: pichamos muros com "abaixo Pétain, abaixo Vichy, abaixo a *relève*" – *relève* era uma medida tomada pelo governo de Vichy que consistia em enviar voluntários para trabalhar na Alemanha em troca do retorno de alguns prisioneiros de guerra. Aquelas ações, à primeira vista, não implicavam muitos riscos, mas ainda assim podiam mostrar-se perigosas: por exemplo, havia uma equipe próxima da nossa que, idiotamente, tinha pichado as mesmas coisas no muro ao longo do canal e no muro do comissariado. Foram todos presos.

Ocorre em mim, então, uma mudança psicológica: tomo consciência de que milhares de jovens estão indo para a guerra, arriscam a vida, que eu sem dúvida poderia me esconder, ir para a Espanha, mas isso era moralmente impossível para mim. A maioria dos resistentes era de jovens; nossos comandantes tinham cerca de 28 anos de idade. Havia um romantismo da juventude. Aquele sentimento de resistência então se fortaleceu em mim, com a esperança de um mundo melhor, encarnado pela União Soviética. Eu entendia que era preciso lutar por aquilo. E, para mim, não havia nenhuma contradição entre meu comunismo e o gaullismo. Aliás, participei de um movimento que não era comunista, o Movimento de Resistência dos Prisioneiros e Deportados. Havia algo em mim que se punha em movimento. Eu ainda tinha medos e dúvidas, mas me lembro muito bem – graças também ao diário que mantinha naquela época – que uma noite, ouvindo música no rádio, escutei a abertura do *Navio fantasma* de Wagner. Houve uma espécie de chamada exultante para mim. Achei que era hora de partir para a aventura. Escrevi no diário: "Será que tenho fé mesmo? De qualquer maneira, é preciso ir." Por companheirismo, eu não parava então de cometer pequenos atos perigosos de resistência.

Quando o exército alemão invadiu a região sul, após o desembarque dos anglo-saxões no norte da África, como eu era muito conhecido nos meios resistentes em Toulouse, decidi ir para Lyon com meu amigo Jacques-Francis Rolland e ficar na Casa dos Estudantes. Éramos então, ao mesmo tempo, estudantes comunistas e estávamos nas Forças Unidas da Juventude Patriótica (FUJP) que unia os jovens de todos os movimentos de Resistência. Começamos uma Resistência mais ativa até a primavera de 1943, porque tinha chegado a vez de a minha faixa etária ir para a Alemanha. Na verdade, eu não era identificado como judeu e não havia carimbo na minha carteira de identidade. Usava oficialmente o sobrenome da minha mãe, Béréssi. Portanto, precisávamos partir para os maquis e nos unir aos franco-atiradores resistentes – Francs-tireurs et partisans (FTP). Mas, por meio de Clara Malraux, fiquei conhecendo André Ulmann, responsável por aquele movimento de Resistência que, nascido nos campos de prisioneiros, estava se desenvolvendo na França. Ele me recrutou como um de seus auxiliares e eu mergulhei na ilegalidade total. Recebi dele um documento falso de repatriação com o nome de um prisioneiro de guerra, Gaston Poncet. Desse modo, consegui fazer carteiras de identidade reais e cartões de fornecimento de produtos têxteis, tabaco etc., em nome de Poncet. Eu me tornei um clandestino total.

L. A. — Morin não é seu verdadeiro sobrenome. O verdadeiro é Nahoum. Morin é o nome de resistente que você assumiu.

E. M. — É também fruto do acaso. Tínhamos nomes de guerra. O meu era Edmond. Quando achei, com razão, que a Gestapo me conhecia, decidi mudar. O sobrenome Manin me agradava, por ser o nome de um dos heróis de *A esperança*,* de André Malraux, seu romance sobre a Guerra Civil Espanhola. Manin era também o sobrenome de um herói real da Resistência veneziana contra os austríacos. Além disso, esse Manin também era um marrano, de ascendência judaica convertida. Eu precisava ir a Toulouse para uma reunião da Resistência. Uma companheira me esperava na estação, e eu lhe disse que a partir daí meu nome era Manin. Acontece que, quando chegamos à reunião, ela disse: "Apresento o companheiro Morin." Todos então me chamaram de Morin, e foi assim que virei Morin sem querer. Fiquei com esse sobrenome como pseudônimo, mas para o registro civil mantive meu

---

* Record, Rio de Janeiro, 2000, trad. Eliana Aguiar. [N.T.]

sobrenome de nascimento. Tenho dupla identidade e, aliás, sempre vivi duplamente, por exemplo quando era ao mesmo tempo comunista e gaullista.

L. A. — Nesse período da Resistência, você conheceu Marguerite Duras, Robert Antelme e Dionys Mascolo, que é mencionado em *Autocritique*. Também conheceu François Mitterrand, quando ele era resistente. Ora, no final do segundo mandato dele como presidente da República, quando foi lançado o livro de Pierre Péan *Une jeunesse française*,* que acusava François Mitterrand de ter sido colaborador ou mesmo colaboracionista, de ter feito jogo duplo com o governo de Vichy, você se apresentou como fiador da autenticidade da Resistência de Mitterrand. Podemos voltar a tratar daquele ideal da Resistência, do que ele representa hoje, e daquela área cinzenta, sem dúvida um pouco instrumentalizada, dos ex-colaboradores que se tornaram resistentes?

E. M. — Mitterrand era um prisioneiro fugido. O único ponto em que o governo de Vichy desobedeceu às convenções do armistício foi o da obrigação de mandar os prisioneiros de guerra fugidos de volta à Alemanha. O regime de Vichy, graças a seu secretário de Estado para os prisioneiros, chamado Maurice Pinot, acolhia os prisioneiros, fornecia-lhes documentos etc. Desse modo, Mitterrand foi acolhido pelo governo de Vichy, simpatizava com Pinot, e era de fato o início do período de Pétain. Mas, já em 1942, com a ocupação alemã da região sul, uma parte dos partidários de Vichy, que eram patriotas, passaram para a Resistência. Foi o caso de Mitterrand. Ele então criou um movimento de Resistência. Naquele exato momento eu estava em outro movimento de Resistência, também criado por prisioneiros de guerra, no qual se encontrava Michel Cailliau, sobrinho de de Gaulle, homem

---

* *Une jeunesse française: François Mitterrand 1934-1947*. Lit., Uma juventude francesa: François Mitterrand 1934-1947, Fayard, 1994. [N.T.]

extremamente corajoso. Era um líder intrépido, mas não era político, diferentemente de Mitterrand, que tinha já essa estatura.

Desse modo, no momento em que ficou decidido que os dois movimentos seriam fundidos, Cailliau achou que seria ele o escolhido como dirigente por seu tio de Gaulle. Mas Mitterrand tinha relações muito boas com Henri Frenay. Assim, conseguiu ser enviado a Argel para ser investido. Embora de Gaulle tivesse recebido uma carta de Michel Cailliau, dizendo que Mitterrand era ligado a Vichy, que devia ser enviado para o exército da Itália, de Gaulle consultou seu governo provisório, que foi majoritariamente favorável a Mitterrand. Portanto, Mitterrand foi nomeado para liderar o movimento, embora de Gaulle e ele nunca tenham simpatizado um com o outro.

Mantive contato com Michel Cailliau, que eu estimava muito, mas também com Mitterrand. Vi que era um homem corajoso, intrépido, quase temerário! Hospedava-se na rua Dupin, no apartamento da irmã de Robert Antelme, onde ocorriam as reuniões de seu grupo. Escapou por pouco da Gestapo, porque a única coisa que ele fazia por segurança era ligar para Minette, a irmã de Robert, para descobrir se tudo estava bem antes de voltar para o apartamento. Na noite em que houve uma batida da Gestapo, ela disse: "É engano, meu senhor." Mitterrand telefonou de novo. Ela repetiu a mesma coisa. Mitterrand entendeu. Não foi à reunião, e naquele dia a Gestapo prendeu vários membros do movimento no apartamento.

François Mitterrand era, portanto, um grande combatente da Resistência, com muito carisma. As gerações mais jovens ignoram que na época ficávamos muito contentes quando alguém abandonava Vichy para se juntar à Resistência. O general de Lattre de Tassigny e o marechal Juin vieram de Vichy. Apesar disso, houve numerosos casos dúbios, como administradores provenientes do aparato estatal vichysta que davam informações e garantias à Resistência, como Bousquet e Papon; estes arguiram essa ajuda aos combatentes da Resistência quando foram julgados e, assim, conseguiram ser absolvidos. Passaram-se muitos anos até se descobrir o verdadeiro papel deles nas batidas da Gestapo. Em relação a Mitterrand, é verdade que ele tinha amizades em todos os lugares, que tinha uma rede extraordinária, mas, mesmo assim, era um grande combatente da Resistência.

Eu tenho mais lembranças precisas desse período da Resistência do que da década de 1970 ou 1980. Havia acontecimentos que pontuavam nossa vida, como a batalha de Moscou ou a de Stalingrado. Nossa vida era marcada por esses acontecimentos bélicos, a começar pelo triunfo dos exércitos nazistas, que pareciam querer dominar toda a Europa; em seguida, a repentina viravolta com a contraofensiva de Jukov e, dois dias depois, o ataque do exército japonês à base de Pearl Harbor, que provocou uma guinada na guerra.

Para o meu engajamento havia dois fatores determinantes: em primeiro lugar, minha formação na adolescência tinha sido muito antistalinista. Eu conhecia todas as críticas à União Soviética. Portanto, precisei de um longo trabalho, quando era comunista, para apagar todos aqueles defeitos evidentes: eu reinterpretava os processos de Moscou como coisas do passado, ligados à burocracia czarista. Eu me convencia de que esses defeitos não voltariam a aparecer e que o socialismo fraterno floresceria após a vitória. No fundo, Stálin foi associado a Stalingrado, então nos convencemos de que, mesmo sendo um homem duro, ele era um instrumento da história que possibilitaria chegar ao socialismo

Para entender meu estado de espírito, deve-se considerar o fato de que, mesmo sendo um rapaz bastante tímido, eu tinha entendido a diferença entre sobreviver e viver. Eu podia sobreviver escondendo-me, indo morar na Espanha etc. Mas, para viver, era preciso arriscar a vida, porque estava sendo travada uma luta dantesca entre o Bem e o Mal, e, para viver, era preciso participar dela. Eu era jovem, mas cumpre falar daquelas pessoas raras que se engajaram, como Clara Malraux, que o fez apesar de ter uma filha muito nova – Florence. O poeta Jean Cassou, por exemplo, também era pai de família. Eu tinha uma companheira, Violette, mas não tinha responsabilidades familiares. Com a embriaguez da juventude, tínhamos a impressão de estar arriscando apenas nossa própria vida ao nos engajarmos.

Minha resistência continuou com dupla identidade. De um lado, eu era comunista e, do outro, participava de um movimento gaullista. Estava, como sempre, ligado por um cordão umbilical secreto ao Partido Comunista. Meus companheiros gaullistas sabiam que eu tinha sentimento comunista, mas não sabiam que eu estava em contato com o Comitê Central do Partido, que me dava instruções e ao qual eu transmitia informações. Às vezes eu tinha um pouco de vergonha desse jogo duplo, mas estava muito contente porque vivia no mundo dos resistentes normais, que se encontravam no restaurante, que se viam com frequência, enquanto os combatentes comunistas da Resistência ficavam nos subúrbios, num sistema muito rígido e dogmático. Eu tinha até uma terceira identidade, minha identidade legal.

L. A. — Em *Autocritique*, você explica que seu engajamento na Resistência lhe possibilitou aderir à ideia de solidariedade internacional e desenvolver um senso de pertencimento ao Partido Comunista. Foi por ter lutado na Resistência que se tornou comunista?

E. M. — Tive esse senso de solidariedade internacional já na adolescência. Prova disso é que meu primeiro ato político, quando eu tinha 15 anos, foi ir à organização Solidariedade Internacional Antifascista, que tinha origem libertária e mandava encomendas para a Espanha republicana, especialmente para a coluna anarquista Durruti. Nunca tive – provavelmente em razão de minhas origens – a ideia de que um povo merece desprezo ou rejeição. Foi por isso que nunca usei a palavra "boche", mas sempre a palavra "nazista". Meu adjunto na Resistência era alemão e tinha lutado na Guerra Civil Espanhola. Nunca fui antialemão. Por isso, tive esse senso de solidariedade internacional muito antes de ser comunista. É claro que, quando me tornei comunista, essa ideia continuou a se desenvolver. Muitos camaradas meus eram como eu, não participavam da propaganda do Partido, que era chauvinista, sectária e imbecil. Havia uma interpretação histórica, um pouco hegeliana, a ideia de um ardil da razão. Hoje ainda, mesmo me considerando francês e patriota, sinto-me um cidadão do mundo, da Terra que é nossa mãe, e cada vez mais sou sensível a todo sofrimento dos oprimidos, inclusive dos palestinos.

Acho que há duas coisas que influíram na minha sensibilidade internacionalista. Meus pais eram dois imigrantes de cultura francesa em Tessalônica. Meu pai adorava Paris. Foi na escola que incorporei a história da França, com Vercingetórix, Bouvines, Revolução Francesa, Austerlitz etc. Tive um patriotismo de infância que nunca me abandonou, e nele se enxertou meu senso internacionalista. Aliás, sempre gostei das palavras de Jaurès, quando disse: "Um pouco de patriotismo afasta da Internacional, muito patriotismo aproxima dela." Então aderi ao comunismo porque era um movimento de libertação mundial da humanidade no princípio. Cometi um erro de julgamento quando tomei a ideologia pela realidade. Acho que continuo o mesmo desde a adolescência até hoje. Conservei todas as aspirações da adolescência, depois de, no entanto, ter perdido todas as ilusões.

L. A. — Por que mantém até hoje esse nome usado na Resistência?

E. M. — Por duas razões. Em primeiro lugar, o que continua figurando nos meus documentos oficiais é meu nome verdadeiro, Edgar Nahoum. Mas achei que, mesmo sendo de fato filho do meu pai, eu também era filho de minhas obras. Algumas pessoas trocaram completamente de identidade após a Libertação. Eu também tive essa tentação, mas concluí que era melhor manter essa identidade dupla. Às vezes pode me criar problemas, porque, quando me convidam para uma conferência num país estrangeiro, convidam Edgar Morin, e aí preciso provar que Edgar Morin é Edgar Nahoum. Mas eu era ora Morin, ora Nahoum, ora Poncet. Lembro que uma vez, durante a guerra, meu amigo Rolland me incentivou a ir encontrar uma prostituta cujas qualidades eróticas ele gabava. Fui com ele até Pigalle, onde nos encontramos com ela, mulher belíssima, que me levou a um hotel onde havia muitos oficiais alemães circulando pelos corredores. Quando estávamos no quarto, e ela começou a querer me tocar, lembrei que era circuncidado. Aí desmoronei. Ela ficou muito desapontada e desistiu de mim para ir fazer uma suruba com os oficiais alemães! Naquela situação houve uma colisão entre minhas diferentes identidades. Com exceção desse episódio, porém, sempre fiquei à vontade nessa multiplicidade identitária!

L. A. — Você viveu muito na região de Montauban, cidade que acolhia os refugiados.

E. M. — Sim, isso acontecia em toda a região. As famílias camponesas acolhiam não só numerosos refugiados da região norte, mas também judeus, quando havia blitz contra eles. Eu lembro que Violette, minha companheira, era do Périgord, e a família dela tinha acolhido Vladimir Jankélévich, por exemplo. Era um campesinato completamente republicano, de esquerda, com forte senso de hospitalidade.

A pessoa mais notável que conheci foi a sra. Robène, em Pechbonnieu. Tinha vários filhos e, apesar disso, acolhia combatentes da Resistência, entre os quais Jean, alemão, ex-marinheiro de Hamburgo, antinazista feroz, que conheci por intermédio de Clara Malraux; mais tarde ele se tornou meu adjunto, antes de ser preso pela Gestapo.

Naquela cidadezinha, estávamos protegidos por aquela mulher. Dependendo do número de familiares e de refugiados acolhidos, ela atribuía a cada pessoa certo número de apitadas para chamar. As minhas eram seis. Quando Jean e eu voltávamos do trabalho noturno clandestino, éramos sempre recebidos com uma boa sopa, com a afeição calorosa daquela mulher. Ela era uma daquelas pessoas maravilhosas que sabiam dos riscos que estavam correndo e tinham não apenas senso de hospitalidade, mas também senso de coração.

Houve uma fusão entre o meu movimento, que contava muitos líderes e tinha se desenvolvido, com o dele, que continha essencialmente ex-prisioneiros de guerra. Porque, quando os alemães invadiram a região sul, toda uma parte de Vichy criou um exército secreto e transgredia sobretudo um dos pontos da convenção de armistício, que estipulava que os prisioneiros fugidos deviam ser devolvidos à Alemanha. Vichy não os devolvia e os acolhia. O Ministro dos Prisioneiros, Maurice Pinot, era um patriota, ao mesmo tempo partidário do governo de Vichy e contrário ao ocupante. Pinot não pôde ter papel notório no movimento por ser ministro, portanto Mitterrand, que tinha 28 anos, foi quem assumiu a liderança do movimento de resistência. Ele foi extremamente corajoso, para não dizer temerário, apesar da oposição do sobrinho do general.

Michel Cailliau, sem querer, desempenhou papel importante na história, pois foi ele que pleiteou, junto ao tio em Argel, a não legitimidade de François Mitterrand, que assumiu a liderança do movimento de Resistência apesar da oposição do general. Ele até dizia ao tio: "Mande-o para o exército da Itália!" Mas Mitterrand tinha, na França, o apoio de Henri Frenay, que conseguiu o apoio de alguns ministros de de Gaulle em Argel. Apesar da antipatia que logo se estabeleceu entre de Gaulle e François Mitterrand, de Gaulle foi muito leal, pois acatou o parecer de seus ministros e nomeou Mitterrand como comandante. Portanto, foi assim que acabei conhecendo François Mitterrand, a quem desde o início votei grande estima.

L. A. — Como você viveu o período da Libertação e aqueles dias especiais?

E. M. — Fui percebendo que a vitória era cada vez mais provável. Primeiro houve a guinada de Stalingrado, depois a da gigantesca batalha de Kursk entre os blindados alemães e os soviéticos, que teve desfecho favorável a estes últimos. Quando os soviéticos entraram na Polônia, todos entenderam que aquele curso da história se tornava irresistível, e tudo redundou no desembarque da Normandia. Isso não impediu o sentimento de angústia, pois os Aliados ficaram algum tempo bloqueados nas praias do desembarque. Apesar disso, felizmente, de Gaulle e Leclerc conseguiram o destacamento da coluna Leclerc para libertar Paris. Isso não estava nos planos iniciais de Eisenhower, que não queria perder tempo num cerco à cidade. Acontece que em Paris tínhamos realizado a insurreição que já durava dez dias, mas começava a se asfixiar por falta de armas e suprimentos. Tínhamos erguido barricadas, mas os alemães continuavam circulando pelas grandes avenidas e ainda ocupavam certo número de edifícios. Então era uma situação bem angustiante.

Lembro que uma noite estava no telhado da casa dos prisioneiros, com amigos. Víamos os clarões vermelhos dos edifícios periféricos: os alemães ateavam fogo aos arquivos nos ministérios que ocupavam. De repente, todos os sinos de Paris começaram a tocar. Então entendemos que os Aliados estavam chegando. Começou a correr uma espécie de boato: eles estavam na praça da prefeitura. Saímos da praça Clichy de madrugada e chegamos à praça da prefeitura de manhãzinha, e lá vimos os tanques Leclerc e, em cima deles, os homens chorando de alegria. Nós mesmos chorávamos! Foi o maior êxtase histórico que já vivi. Mas Paris ainda não estava totalmente libertada: foi preciso esperar alguns dias para que isso acontecesse.

L. A. — Esse período da guerra permanece intacto em sua memória. Que ensinamento político extraiu desse período?

E. M. — Acho que vivemos uma fraternidade de resistentes, apesar de todas as dissonâncias. Depois da guerra, voltei à vida comum e achava as pessoas mesquinhas, pequenas. Durante um ano ou dois, não consegui frequentar as pessoas que não tinham lutado na Resistência. Sem dúvida era injusto, porque certamente havia boas pessoas que foram obrigadas a se esconder. No entanto, eu não consegui suportar aquele retorno à vida prosaica e por isso fui para Alemanha, me juntar ao Primeiro Exército.

Antes de partir para a Alemanha e para o Primeiro Exército, organizei uma exposição chamada *Crimes hitleristas*, na qual queria reunir os primeiros elementos temporais sobre a libertação dos campos de concentração, especialmente com a libertação de Auschwitz pelos russos, que ocorreu antes do fim da guerra, mas também sobre a criação dos campos, em 1933, destinados a prender os alemães antinazistas. Para fazer essa exposição, me impingiram uns burocratazinhos lamentáveis, que queriam dar à exposição o título de *Crimes alemães*. Eu respondi que não eram crimes alemães, mas hitleristas. Também fiquei marcado para sempre – e eu diria que essa marca é ainda mais forte em mim agora – por muitos personagens, heróis, que deram mostras de coragem e atitudes notáveis, não só na qualidade de resistentes, mas também de políticos, como Pierre Hervé, o coronel Degliame-Fouché, que hoje estão completamente ignorados. Somente são lembrados aqueles que fizeram carreira jornalística ou política, como Claude Bourdet, François Mitterrand ou Georges Bidault. O esquecimento de todos aqueles homens notáveis hoje me entristece. Percebo que é uma característica geral na história. Se tomarmos o exemplo da guerra da Argélia, veremos que aqueles que se tornaram dirigentes políticos depois da declaração de independência eram os que tinham um mínimo de escolaridade. No entanto, alguns camponeses foram combatentes mais heroicos do que os intelectuais e estão completamente esquecidos. Apesar disso, algumas coisas foram ressuscitadas, como o programa do Conselho Nacional da Resistência [CNR], que possibilita tirar do esquecimento o meu amigo Stéphane Hessel, capaz de explicar às novas gerações a força das propostas que ele continha e a pujança das ideias que ainda poderiam ser utilizadas hoje. Todos nós tínhamos uma esperança, uma esperança ilusória. Isso não era exclusivo dos comunistas, pois também se encontrava em Camus e outros. Estávamos todos convencidos de que nada poderia ser como antes e que evoluiríamos para uma sociedade melhor. Estávamos convencidos de que a nova França seria muito melhor que a França de antes. Foi uma decepção. No entanto, ganhamos a liberdade, reformas sociais.

L. A. — Você acha que aquele período doloroso é hoje suficientemente ensinado, conhecido pelas novas gerações? Você acha que estamos fazendo na França um trabalho de memória tão importante quanto o do povo alemão?

E. M. — Acho que não é suficientemente ensinado nem bem ensinado. Na verdade, não havia apenas sisudez na Resistência: era também uma aventura, que exigia astúcia. Por exemplo, em Paris, na época, as portas do metrô se fechavam automaticamente assim que o trem chegava, o que permitia ter certeza de não estar sendo seguido por agentes da Gestapo, que era nossa obsessão. Eu ficava espiando o momento em que a portinhola se fechava e sempre verificava se não havia ninguém atrás. Essa era a esperteza. No entanto, havia também momentos trágicos. Sempre penso naquele episódio com meu amigo Jean Krazatz, ex-marinheiro alemão que tinha se tornado meu adjunto. Tínhamos um encontro no cemitério Vaugirard, porque naquele lugar deserto era fácil ver se algum dos dois estava sendo seguido. Chego lá e não o vejo. No começo, não fico preocupado, sei que ele mora num hotel da rua Toullier perto da Sorbonne. Decido ir ver se ele está no quarto, mas quando chego na recepção, vejo que a chave não está no painel. Ele morava no segundo andar. Digo a Violette, que estava comigo, que me espere. Mas, chegando ao primeiro andar, sou dominado por uma canseira terrível, súbita, inexplicável, decido voltar e deixo um bilhete para Jean na portaria do hotel. A Gestapo tinha montado uma cilada no quarto. Nossa amiga Gaby Bounce foi presa. Jean também foi preso e torturado. Ele tinha um falso documento de identidade francês e falava francês sem sotaque. Acontece que, apanhando, sob o efeito da dor, começou a falar em alemão e aí eles o massacraram e assassinaram na hora. Houve também muitas tragédias.

Nós, de fato, tínhamos imensas esperanças. Isso não dizia respeito apenas a comunistas, socialistas, mas ao conjunto dos resistentes, que achavam que estávamos rumando para uma nova sociedade, muito mais justa, equitativa. Aliás, o famoso programa do CNR indicava essa perspectiva, a de uma democracia regenerada, uma democracia social, uma democracia aberta. É verdade que tivemos um primeiro período de euforia, mas logo começou a Guerra Fria com dois fenômenos: por um lado, o domínio gradual da União Soviética sobre os países do Leste que ela havia libertado dos nazistas. Como dizia a declaração categórica de Churchill: uma cortina de ferro tinha caído sobre a Europa.

Surgiram divisões naquele mundo intelectual que todos nós frequentávamos: Albert Camus, Jorge Semprún, Raymond Queneau iam à casa de Marguerite Duras. No início havia uma espécie de fraternidade, mas aos poucos foram aparecendo divergências. Por outro lado, apesar de algumas conquistas sociais, incontestáveis, nós entramos num mundo prosaico, no qual permaneciam as antigas estruturas. Do lado dos resistentes, aqueles que fizeram carreira jornalística de alguma maneira conseguiram continuar no dinamismo de uma atividade que prolongava a da Resistência, como Claude Bourdet, o próprio Mitterrand, Gilles Martinet. Outros, não.

No que me diz respeito, é um pouco curioso, porque, como eu era ao mesmo tempo comunista e gaullista, começava a me tornar suspeito para cada um desses campos. Eu me sentia com um pé em cada canoa. Escrevi um artigo no jornal do nosso movimento, um diário que se chamava *Libre*. Esse artigo se intitulava "Onde estão os filósofos?". Nele eu dizia que os filósofos já não estavam nas cátedras de filosofia nem na universidade, mas eram os soldados dos exércitos libertadores. Era meio grotesco, admito, mas eu vivia uma embriaguez hegeliana. Um amigo, chamado Georges Le Breton, me disse: "Olha só, eu não sabia que os recos eram filósofos!" Também conheci fracassos jornalísticos. Ofereceram-me um trabalho num jornal chamado *Action*, nascido da Resistência, onde tinha uma coluna regular. Eu tinha escrito um belo artigo, dizendo que a ditadura do proletariado já não era necessária e que era suficiente ter o domínio do proletariado. Com isso eu queria dizer que não era necessário ter as mesmas terríveis coações contra as liberdades que existiam na URSS, que era possível aceitar liberdades. Vladi Leduc, um dos responsáveis pelo jornal, disse-me que só os membros do Comitê Central poderiam escrever artigos como aquele, e não eu; então fui mandado embora. Todas as minhas tentativas de encontrar uma saída, escrevendo, estavam condenadas ao fracasso.

Foi quando tive a ideia de fazer uma exposição chamada *Crimes hitleristas*, porque, me lembrava, tinha tomado conhecimento do livro marrom publicado por antigos antinazistas, comunistas, socialistas, cristãos, contra os crimes dos nazistas. Naquela época, estavam sendo descobertos os campos de concentração, com a entrada dos Aliados na Alemanha. Eu mesmo já havia lido, durante a Ocupação, num boletim da France-Presse clandestina, um artigo traduzido do inglês de um deportado que havia escapado de Auschwitz, contando o extermínio em massa, especialmente dos judeus. Fiquei muito comovido com tudo aquilo e decidi fazer uma exposição sobre os crimes hitleristas. O Ministério da Informação designou vários burocratas para me darem assistência. Além disso, desde o início daquela abertura, Marguerite Duras e Dionys Mascolo tinham concordado em colaborar comigo. Mas aqueles burocratas mesquinhos, que nunca tinham lutado na Resistência, deixaram os dois contrariados e aos poucos eu também fui ficando desgostoso. Um dia, eu disse a um deles que ele não tinha lutado na Resistência, e ele respondeu que eu, sim, tinha a obrigação de lutar porque era judeu!

No fundo, eu estava cada vez mais infeliz, porque tinha ido direto da universidade à Resistência, sem ter conhecido a vida prosaica, mesquinha, cotidiana e estava caindo no que de pior havia daquela vida. Passaram-se alguns meses, eu não sabia o que fazer e, por sorte, reencontrei meu amigo Pierre Le Moign', que era uma das pessoas mais maravilhosas que conheci na Resistência, várias vezes fugitivo. Para mim era um herói. Dei com ele na rua, e ele me disse que seu amigo Durandal estava procurando gente para o estado-maior do exército francês que ia entrar na Alemanha. Respondi que queria participar, e minha companheira Violette e eu partimos para nos unir àquele estado-maior no início de fevereiro de 1947, em Lindau. Voltei a viver um pouco poeticamente, porque encontrei novos amigos, vindos do maqui de Franche-Comté dirigido por Durandal, nome verdadeiro Chazeau, operário que se tornou alto dirigente da Resistência. Fiquei conhecendo pessoas que, em virtude do engajamento no Partido Comunista, transformaram-se, formaram-se.

Foi então que escrevi meu primeiro livro, intitulado *O ano zero da Alemanha*,* sobre a Alemanha em ruínas e decomposição, com minhas esperanças para a democracia alemã. Era o primeiro livro não antiboche, que expressava esperanças na democracia alemã. Era contrário à linha do Partido Comunista, na época muito antiboche. Mas o que aconteceu foi que, no momento da publicação, Stálin afirmou que os Hitlers passavam, mas o povo alemão permanecia, porque ele ia criar a República Democrática Alemã e tinha parado de fazer propaganda antiboche. Deve-se lembrar que na época Ehrenburg, o escritor russo autor do *Livro negro*, afirmava que só conhecia um tipo de bom alemão, o alemão morto. Maurice Thorez e o Partido Comunista entenderam, portanto, que era preciso mudar de linha, e para isso meu livro foi útil.

---

* *O ano zero da Alemanha,* Sulina, 2009, trad. Edgard de A. Carvalho e Mariza P. Bosco. [N.T.]

Esse livro teve o mérito de existir e de levantar problemas geopolíticos fora da doxa e, aliás, foi graças a ele que uma editora da Corréa, Olga Venfer, que fez belos trabalhos sobre os campos de concentração, me pediu outro livro. Decidi escrever depois *O homem e a morte*, que é meu primeiro livro importante. Tive então um período de desacerto. Voltei para Paris, para a casa de Marguerite Duras, e formamos uma verdadeira comunidade fraterna que durou um ano. O certo é que tive de enfrentar dificuldades intelectuais, mas também financeiras. Robert Antelme e eu precisávamos ganhar a vida, e um companheiro, Fougerousse, arranjou, na Federação de Deportados, um cargo de chefia para Robert e, para mim, a gestão do jornal *Le Patriote résistant*. Era um jornal no qual reinava certa linguagem estereotipada, e eu tentava fazer o melhor possível, mas fui obrigado a permitir a publicação de certos artigos. O que aconteceu foi que houve uma crise dentro daquela federação, o Partido demitiu as duas pessoas que estavam lutando por preeminência e me propôs mudar para *L'Humanité*, seção cultural. Quando fui convocado a ir à sede do Partido, expliquei que não concordava com a política cultural do Partido. Pedi que me colocassem em outro posto. Perguntaram se havia algum companheiro que pudesse falar sobre mim, e eu citei Pierre Hervé e Pierre Courtade. Courtade teve a covardia de dizer que eu tinha me tornado titista. Por isso, fui demitido e me tornei um desempregado intelectual. Foi um grande infortúnio e uma grande ventura. Violette era professora de filosofia no interior: precisava ganhar dinheiro para nossos dois filhos; quanto a mim, passei dois anos na Biblioteca Nacional trabalhando no meu livro sobre a morte. Eu estava muito contente. Fiz inscrição na agência de emprego, e o chefe da agência, quando viu o meu currículo de ex-comandante da Resistência, ex-redator-chefe, disse que não podia me dar um trabalho digno de minha capacidade. Perguntou se eu aceitaria um trabalho que não fosse tão elevado quanto o que eu exercera no passado. Eu disse: "Sim, claro!" Mas ele respondeu que não tinha nenhum e depois me perguntou se, em última instância, eu concordaria em copiar envelopes. Eu disse "por que não?", mas ele disse que, infelizmente, esse trabalho também não estava disponível. Foi só em 1951 que consegui entrar no Centre national de la recherche scientifique (CNRS) [Centro Nacional da Pesquisa Científica]; tinha 31 anos, mas era considerado um jovem pesquisador, ao passo que aos 21 anos eu era chefe regional da Resistência, e nunca me disseram que eu era um jovem chefe! Portanto, descobri que tinha me tornado jovem entre os velhos com a idade de 30 anos!

4

O tempo dos camaradas

L. A. — Edgar Morin, você conheceu Marguerite Duras durante a Resistência, porque ambos faziam parte da mesma rede. Participaram juntos da libertação de Paris. O vínculo de amizade entre os dois nunca se rompeu e vocês se reencontraram em Paris depois de sua estada em Berlim, onde exerceu cargos militares.

E. M. — Eu estava de fato em Berlim, onde trabalhava no serviço de informação, da propaganda e do governo militar da zona francesa de ocupação. Podia inspecionar qualquer área de ocupação. Quando voltei a Paris, contei tudo o que havia visto a Marguerite. Robert Antelme, seu marido, saído do campo de Dachau, do qual tinha sido salvo pelos amigos Beauchamp e Dionys Mascolo, recuperava-se e começava a escrever sobre sua experiência de sobrevivente um livro que se tornará obra-prima, *A espécie humana*.* Robert fundaria uma editora batizada de La Cité universelle, cujo primeiro trabalho pu-

---

* Publicado em português pela Record, Rio de Janeiro, 2013, trad. Maria de Fátima Oliva do Coutto. [N.T.]

blicado seria *Les Morceaux choisis de Saint-Just.** Ele me perguntou por que eu não escrevia um livro sobre aquilo tudo que lhes dissera, pois o que eu tinha visto era realmente incrível: Berlim destruída, as pessoas desorientadas, a atmosfera de declínio. Eu tinha uma relação orgânica com a rua Saint-Benoît, onde moravam Marguerite, Robert e Dionys – que estava quase o tempo todo lá, também. Quando saí da Alemanha, Marguerite nos propôs, a Violette e a mim, que fôssemos morar na casa dela. Por isso, havia no apartamento nosso quarto, o de Marguerite, o de Robert e, num sofá, Dionys. Vivemos assim uma comunidade maravilhosa por quase dois anos. Com muitas festas, álcool, reuniões, alegria. Vários amigos, grandes intelectuais, como Merleau--Ponty, iam lá muitas vezes; Georges Bataille era frequentador assíduo. Existia então uma abertura, um convívio real, que tornava tudo lindo. Marguerite gostava muito de Edith Piaf. Com frequência punha os discos dela no gramofone. Da escritora ainda não se falava. Escritores eram os dois homens de sua vida: o marido Robert Antelme, por um lado, e Dionys Mascolo, seu futuro companheiro e amante da época. Robert preparava *A espécie humana*. Dionys tampouco escrevera nada ainda, a não ser o prefácio da obra sobre Saint-Just. Marguerite, no entanto, trabalhava como uma abelha. O livro *A vida tranquila*,** seu segundo romance, foi terminado na época da Libertação. Como eu estava ligado aos responsáveis pelo semanário *Action* – que, no entanto, seria rapidamente esmagado pelo controle do Partido Comunista –, havia escrito no periódico um artigo sobre *A vida tranquila*. Era ela a escritora. Ela dava seus manuscritos a Dionys, que desempenhava um papel que, se não era de um Saint-Just, era pelo menos de um Paulhan. Ela também submetia seus escritos a Robert. Na época, era uma escritora discreta em sua atividade. Quando recebia convidados, falava pouco, cozinhava, por isso digo que tinha uma faceta "abelha rainha".

---

* Lit., Trechos escolhidos de Saint-Just. [N.T.]
** Record, Rio de Janeiro, 1989, trad. Fernando Py. [N.T.]

Adorava cantar, brincar. Dionys e Robert não tinham o mesmo gosto permanente por piadas e pela vida que eu, pessoalmente, tinha. Ela cantava canções folclóricas, e eu lhe ensinava os cantos revolucionários que conhecia: *La Varsovienne*,* a *Komintern* etc. Eu também gostava de cançõezinhas despretensiosas, então tínhamos essa cumplicidade.

Na política, eu posso ter sido o gatilho para a filiação dela no Partido Comunista. Quando conheci Dionys, fazia parte de um movimento de resistência, o Movimento de Resistência dos Prisioneiros de Guerra e Deportados (MRPGD), mas era um infiltrado comunista, porque tinha relações secretas com o Comitê Central do Partido. Meus companheiros não sabiam desse segredo, embora soubessem que tinha ideias comunistas. Robert, quando voltou do campo de concentração, disse-me que uma vez, numa reunião da rua Dupin, onde ele e a irmã foram presos, alguém sussurrou: "Cuidado, Edmond virá. Cuidado com o que disserem, porque ele é comunista!" Edmond sou eu! Portanto, eu tinha sido identificado e não estava me escondendo. Comecei a doutrinar Dionys, dizendo-lhe que o comunismo não devia ser confundido com sua propaganda, que era uma ideia grandiosa, que ele não devia fixar-se apenas nos aspectos negativos da União Soviética, mas ver tudo aquilo com perspectiva. Em seguida nós dois influenciamos Marguerite, porque na época eu tinha uma atitude muito proselitista. Mas o clique veio da própria Marguerite, que foi quem primeiro se afiliou na seção comunista do VI *arrondissement*. Depois Robert e Dionys foram se inscrever. Foi assim que começou a vocação política de Marguerite.

L. A. — No final de cada reunião, vocês tinham o hábito de se reunir num café de Saint-Germain-des-Prés, o café Le Bonaparte. Era um período bastante difícil para o comunismo francês, um período de exas-

---

* Versão francesa de *Warszawianka* (*Varsoviana*), canção revolucionária polonesa. [N.T.]

peração ideológica. De vez em quando, como de costume, Marguerite e você brincavam. Em especial, caçoavam dos dirigentes e dos grandes intelectuais comunistas, que representavam o ideal do intelectual engajado. Isso não os ajudou a ganhar os favores dos membros do Partido Comunista, uma vez que Marguerite Duras foi excluída e vivenciou esse fato como algo terrível.

E. M. — Marguerite tinha levado a militância muito a sério. Por exemplo, ia vender *L'Humanité* na saída da igreja de Saint-Germain-des--Prés. É verdade que, naquele bistrô Le Bonaparte, éramos muito críticos em relação aos intelectuais oficiais do Partido, como Aragon. Por outro lado, discordávamos profundamente da política cultural do Partido. Não ousávamos questionar a linha política do Partido, mas, em compensação, criticávamos a linha cultural, que considerávamos uma linha de cretinização mental. A pessoa responsável por aquela política, na época, era Laurent Casanova, membro do birô político, um grandalhão corso. Durante uma de nossas reuniões no bistrô, Eugène Mannoni, que era jornalista no *Ce soir*, disse brincando: "Eu sou corso, e eu sei o que 'Casa' é: é um grande rufião!" Essa foi a conversa mais ofensiva pronunciada naquela noite. Ora, Jorge Semprún estava na reunião e depois foi falar com um tal Martinet, dirigente do Partido naquele *arrondissement*, e os dois decidiram escrever um relatório para a seção, no qual afirmavam que dizíamos coisas absolutamente obscenas naquele bistrô. Só que não se atreveram a transcrever a declaração mais escandalosa, a de Mannoni, pois era tabu citá-la. Então se limitaram a dizer que estávamos criticando os altos camaradas. Como resultado disso, foi instaurado o processo de denúncia que redundou na expulsão de Marguerite, Dionys, Robert e Monique, que ainda não era esposa de Robert, e do primeiro marido dela, que se recusava a se desvincular de Monique. Eu já não pertencia àquela célula, pois tinha me mudado naquele meio-tempo, porque Marguerite e Violette estavam grávidas. Já morava em Vanves.

L. A. — Quando deixou o comunismo, você escreveu *Autocritique*, que continua sendo uma obra importante para a compreensão do comunismo e do que ele significava na época, ou seja, um modo de vida, mais ou menos como numa tribo, numa família. Ser comunista era, em primeiro lugar, uma relação com o mundo. Talvez não se acreditasse num amanhã radioso, mas sim num futuro melhor?

E. M. — Sim, e o fundo de nossas adesões era religioso. Era uma crença numa grande comunidade com grande esperança humana. Por isso tentei entender os processos psíquicos pelos quais eu tinha me tornado comunista e, depois, como eu tinha me "desconvertido". No fundo, ocorreu essa evolução em cada um de nós, mas Marguerite continuou fiel à ideia de comunismo, mesmo sendo antistalinista. Eu a entendo, porque o ideal comunista é magnífico: era a ideia de fraternidade, igualdade, sem racismo, sem xenofobia. Comunismo, porém, é um termo ambíguo, porque também é empregado para se falar do regime totalitário da URSS. Então era muito difícil distinguir as coisas. Por esse motivo, durante anos eu me recusei a dizer que criticava o comunismo. Afirmava que só criticava o stalinismo. Depois me dei conta de que aquilo não era exclusivo do stalinismo, que em Lênin já se encontravam os germes do totalitarismo e que a coisa continuou mesmo depois da morte de Stálin. Então ficou muito complicado, para mim, falar de totalitarismo soviético. Mesmo assim, entendo que alguém se possa dizer comunista, explicitando que isso não tem nada a ver com o regime real da URSS.

L. A. — Será possível falar que em vocês havia um comunismo primitivo, marcado por um espírito de comunidade? O espírito do tempo permitiu a todos vocês, que formavam uma comunidade intelectual e artística, pensar o mundo. Na época, tinham um pouco menos de trinta anos, e as primeiras manifestações da guerra da Argélia já se faziam sentir. Depois, logo após a saída do Partido, continuaram juntos a luta pela independência da Argélia.

E. M. — É verdade que, para nós, o sentido da comunidade vivida tinha a ver com a ideia de comunismo. Em relação à Argélia, tudo começou por iniciativa de Dionys, que queria que criássemos um comitê contra a guerra norte-africana – falávamos então em Norte da África, porque ainda não terminara totalmente a guerra do Marrocos e da Tunísia. As coisas se concretizaram de fato após o Dia de Todos os Santos vermelho, em 1º de novembro de 1954. O comitê foi criado em 1955. Esse comitê obteve assinaturas de pessoas que até então nunca tinham assinado manifestos, como, por exemplo, Roger Martin du Gard, François Mauriac. Além disso, tratava-se de intelectuais de diferentes orientações políticas. O manifesto, portanto, teve grande repercussão. Todos nós juramos não nos separarmos enquanto a independência da Argélia não fosse alcançada. Apesar disso, nos separamos antes, por diferentes razões, especialmente por causa da insurreição húngara. Na verdade, quando começou a insurreição húngara, alguns de nós, como Dionys, Claude Lefort e eu, diziam que era impossível lutar contra o colonialismo na Argélia e calar em relação ao imperialismo soviético na Hungria, opinião de que não comungavam uma parte dos comunistas e alguns discípulos de Sartre. Isso provocou um racha no comitê, que não se recuperou. Por outro lado, Dionys e eu também tivemos um rompimento, mas ele não envolveu Marguerite, que se mantinha distante daquelas histórias.

L. A. — De qualquer modo, Marguerite era pró-FLN na época, acompanhando Dionys e Blanchot, que vai lançar aquele manifesto dos 121, que ficou famoso na história. Ela se expõe a riscos nesse período.

E. M. — É verdade, mas não acompanhava Dionys na fidelidade incondicional às suas convicções originais. Quando de Gaulle chegou ao poder, por exemplo, ele assinou um artigo numa revista, em 14 de julho, no qual condenava de Gaulle à morte em nome do povo francês. Havia muito exagero em Dionys, que Robert Antelme tentava abrandar.

Marguerite, por sua vez, não entrou tão diretamente na política. Ela ficava mais no plano da ajuda.

L. A. — Ela pôs suas ideias políticas em prática hospedando pessoas em dificuldade durante a guerra da Argélia. Ela atuou contra a guerra da Argélia. Nunca teve medo de se envolver fisicamente.

E. M. — É verdade, e mesmo antes da guerra da Argélia ela abrigava marroquinos procurados pela polícia. Tinha um senso de hospitalidade sincero e profundo.

L. A. — François Mitterrand foi muito criticado por ter entrado tardiamente na Resistência, sobretudo quando foi eleito presidente da República.

E. M. — De jeito nenhum, porque é normal que haja diferenças na conscientização da necessidade de resistir.

L. A. — Quarenta anos depois dos fatos, Marguerite Duras publicou um caderno seu, guardado durante a detenção de Robert Antelme num campo de concentração e intitulado *A dor*.* Foram muitos os críticos que acusaram o livro de ser uma farsa. Acontece que nesse livro a narradora conta como quis seduzir um colaboracionista para possibilitar a saída de seu marido, Robert Antelme, do campo para onde tinha sido deportado. Também conta que, na Libertação, estava no comando de um pequeno grupo de resistentes que tinha a possibilidade de torturar pessoas acusadas de colaboração, e que sentia certo prazer em proceder àquelas prisões e, depois, àquelas humilhações. Você assistiu a esses momentos?

---

* Título original, *La douleur*. No Brasil, *A dor,* Nova Fronteira, Rio de Janeiro, 1986, trad. Vera Adami. [N.T.]

E. M. — Eu não assisti às sessões de humilhação nas quais Marguerite talvez tenha atuado. Não tenho certeza quanto ao resto. *A dor* não é um documento histórico, mas um documento afetivo. Contudo, assisti a uma sessão desse tipo uma vez, quando prendemos alguém de nosso próprio movimento, que suspeitávamos de traição. Estávamos naquela fase da Resistência, após a primeira etapa da insurreição, em que entramos num período um pouco anárquico, porque cada movimento tinha suas próprias prisões. A nossa era um hotel na rua Beaubourg. Dionys e eu fomos falar com o rapaz que tinha sido preso. Fiquei muito chocado ao ver, naqueles quartos transformados em celas, rostos ensanguentados, pessoas brutalmente espancadas. Aquele espetáculo me repugnou. Quando vimos aquele rapaz num estado lamentável, dizendo o tempo todo que não tinha nada a ver com aquilo, eu disse a Dionys que deixasse para lá o interrogatório, que, de qualquer modo, o rapaz já não era perigoso porque tínhamos vencido.

Voltando a Marguerite, não se deve esquecer que nela havia uma parcela de mitomania. Será que realmente torturou pessoas ou assumiu para si coisas que viu? Será que simplesmente inventou? Os escritos são autênticos, é verdade, mas às vezes ela distorce a realidade. Por exemplo, Monique Antelme não concorda em nada com a maneira como Marguerite fala de Robert. No entanto, acho que o fundo de sua dor é verdadeiro. Ela tinha um caso com Dionys, e Robert também tinha um caso com uma moça. Enquanto Robert estava no campo de concentração, ela não conseguia fazer amor com Dionys, muito embora, antes da prisão de Robert, aquela relação não representasse nenhum problema.

A importância de Robert era enorme na vida de Marguerite, no recesso de seu instinto, não maternal, mas de mulher. Mulher que pode ser ao mesmo tempo mãe, filha, esposa e amante. Seu amor por Robert era o que havia de mais profundo para ela. Deve-se lembrar que ela não tinha conhecido o pai, que sua relação com a mãe era muito tensa. Robert, portanto, era essencial na vida dela. É verdade que amou muito

Dionys, mas não do mesmo modo. Isso explica por que fez de tudo para libertar Robert. Tinha sido informada de que Delval, que era um antiquário, participava das prisões de pessoas do nosso movimento. Entrou em contato com ele, e me lembro disso porque na época Dionys me falou a respeito. Ele tinha precisado fazer umas averiguações para Marguerite. O jogo que ela fazia com Delval era ambíguo, porque ele tinha se apaixonado por ela, e todos nós estávamos a par da coisa.

L. A. — Marguerite era agente dupla?

E. M. — Sim, uma agente dupla, alguém que atua como espiã. É uma história obscura e clara ao mesmo tempo. Ela fez tudo aquilo para salvar Robert, sem esconder nada. No julgamento de Delval, depois da Libertação, Marguerite interveio duas vezes. Delval tinha sido posto no mesmo saco do bando Bonny-Lafont, composto por torturadores da polícia gestapista. No entanto, em relação a Delval só haviam sido detectadas algumas prisões nos últimos meses da Libertação, entre as quais as do nosso grupo. Ele não tinha um papel central, era mais um papel de espia. No entanto, a justiça havia ligado o caso dele àquele bando de torturadores horríveis, e, por isso, o risco era de pena de morte. Marguerite inicialmente testemunhou contra Delval, apontando-o como a pessoa responsável pela prisão de Robert. Depois, sentiu remorsos e fez uma segunda declaração, afirmando que Delval lhe dissera uma vez que tinha sido incumbido de prender uma família judia, mas, quando viu retratos de crianças no primeiro aposento, não tinha dado prosseguimento à investigação na casa, poupando assim a família. Essa segunda intervenção não teve influência. Ela só queria mostrar um outro lado de Delval. Mesmo assim, ele foi condenado à morte.

5

Minha relação com François Mitterrand

L. A. — É preciso dar tempo ao tempo, dizia ele. É forçoso constatar que, quarenta anos depois da presidência dele, sua imagem se modificou profundamente. Alguns continuam a amá-lo e a defender seu legado, outros o criticam, relembrando alguns episódios de seu passado, como o papel que desempenhou na guerra da Argélia. Como reconstituir os muitos François Mitterrand? François Mitterrand às vezes é comparado a uma escrivaninha inglesa com muitas gavetas, todas bem lacradas. Vamos tentar abordar juntos os diversos François Mitterrand, porque acho que existem vários. Você o conheceu jovem. Se hoje tivesse de falar a uma jovem de 18 anos sobre o François Mitterrand que você conheceu, diria que ele era quem?

E. M. — Você disse com toda a razão que há vários François Mitterrand. Cada um tem várias identidades e personalidades. Há vários François Mitterrand ao longo do tempo. Eu o conheci durante a Resistência. Eu tinha 21 anos, e ele, 28. Portanto éramos ambos jovens. O que me impressionou nele foi a temeridade, a coragem, o ardor e o carisma, porque ele dirigia um movimento de Resistência, e eu observava que os integrantes daquele movimento tinham uma relação pessoal com ele. Portanto, foi esse François Mitterrand que me deslumbrou. Recontextualizando, eu diria que fazia parte de um movimento de resistência nascido nos campos de prisioneiros militares, no qual havia muitos fugitivos, como Philippe Dechartre, Pierre Le Moign' ou Michel Cailliau, sobrinho de de Gaulle, um de Gaulle em miniatura – porque era baixinho, mas de grande coragem.

Nosso movimento se fundiu com o movimento da Casa de Prisioneiros de Vichy, da qual François Mitterrand fazia parte. Foi muito recriminado o seu passado de ligação com o governo de Vichy, mas é importante lembrar que, a partir de 1942, com o desembarque do Norte da África, as grandes vitórias soviéticas e a ocupação da região sul da França pelo exército alemão, toda uma parte de Vichy, como o marechal Juin, o marechal de Lattre etc., juntou-se à Resistência. Desse modo, havia um exército secreto de Vichy dentro da Resistência, e isso parecia perfeitamente natural a todos nós: não víamos o fato como uma maldição. François Mitterrand, com seus apoios no Governo Provisório de Argel, suplantou Michel Cailliau e conseguiu ser reconhecido como dirigente do movimento criado com a fusão. Michel Cailliau não aceitou isso e criou um racha. Eu não concordava, apesar de continuar a ter ótimas relações com ele; portanto, fiquei no movimento. Foi assim que conheci bem François Mitterrand. É aquele homem, o combatente da Resistência, que permanece para mim, a despeito dos outros Mitterrands que se sucederam.

L. A. — Alguns o criticaram por ter entrado na Resistência tarde demais. É isso mesmo?

E. M. — Acho que não. Ele estava ligado a Maurice Pinot, que, no governo de Vichy, era secretário de Estado para os prisioneiros. Deve-se lembrar que o único caso de descumprimento dos acordos de armistício com a Alemanha por parte daquele governo dizia respeito aos prisioneiros fugidos, que deveriam ser devolvidos imediatamente à Alemanha. O governo de Vichy, pelo contrário, dava-lhes papéis e fundou Casas de Prisioneiros. Essas casas, onde a gente encontrava fugitivos dos campos nazistas, prisioneiros, eram fontes da Resistência. Por isso, eu não acho que François Mitterrand tenha se engajado tardiamente. Houve de fato aquela grande guinada de 1942 na guerra, que coincidiu com o nosso primeiro encontro.

L. A. — Portanto, ele dirigia o Movimento Nacional de Resistência dos Prisioneiros de Guerra e dos Deportados (MNRPGD). Foi em Paris que se organizou e perdurou o núcleo de Resistência ao qual você pertenceu.

E. M. — Efetivamente. Foi lá que nos fundimos. Devo dizer que, de alguma forma, sou um pouco responsável por uma terceira fusão, secreta, porque na época eu tinha dupla identidade: eu fazia parte do movimento da Resistência Gaullista, mas ao mesmo tempo era comunista e, embora não escondesse minhas opiniões, ocultava o cordão umbilical que me ligava ao Comitê Central clandestino do Partido. Quando mencionei aquela fusão a um dirigente do Partido Comunista, ele me disse que um movimento comunista de prisioneiros fugitivos também tentaria se fundir com o MNRPGD. Mas se tratava mais de um movimento fantasma. Desse modo, Bernard Pommier e Pierre Bugeaud foram designados pelo Partido Comunista para integrar o MNRPGD. Por isso, como consequência dessa fusão, o movimento teve organismos tripartites, de que eu mesmo participava. Toda essa fusão e essa organização ocorreram de forma muito cordial. A fraternidade da Resistência era mais importante do que nossas diferenças de trajetórias políticas.

L. A. — Você disse que se sentiu fascinado por François Mitterrand naquele momento da Resistência. Por quê? Que qualidades ele tinha? Por que ele dirigia aquele movimento?

E. M. — Em primeiro lugar, na fração do movimento que vinha de Vichy, chamado na época movimento Pinot-Mitterrand, Maurice Pinot tinha precisado ficar em segundo plano, por ter ocupado cargos oficiais no governo de Vichy. Portanto, François Mitterrand havia se tornado o líder do movimento. Quando foi realizada a fusão com o meu movimento e surgiu a questão de quem seria responsável por ela, eu lembro que Michel Cailliau escreveu uma carta a de Gaulle, dizendo horrores de Mitterrand e sugerindo que ele fosse enviado para o exército da Itália. Mas Mitterrand tinha ótimas relações com Henri Frenay, importante combatente da Resistência na época, com influência sobre o governo de Argel. Mitterrand foi lá e seduziu a maioria dos membros daquele Comitê de Libertação. De Gaulle foi muito correto, porque, embora não tenha simpatizado, já de início, com ele, investiu-o como dirigente do movimento. Mitterrand, quando voltou de Argel clandestinamente de avião, foi oficialmente reconhecido como líder do movimento. Todos nós o aceitamos, exceto Michel Cailliau, de quem, aliás, continuei amigo.

L. A. — Após a prisão de Robert Antelme, marido de Marguerite Duras, você procura saber em que centro ele está, para tentar uma fuga. Não consegue. No momento da Libertação, também ocorre algo extraordinário: François Mitterrand, por incumbência do general de Gaulle, percorre todos os campos de concentração da Alemanha com os exércitos francês e americano, vai salvar Robert Antelme.

E. M. — Na época, Mitterrand foi nomeado secretário de Estado para prisioneiros e deportados. Vai em missão para o campo de Dachau, libertado pouco tempo antes. Aquele campo era, de certa forma, um despejo dos campos nazistas, porque aqueles que estavam lá provinham, como Robert, de outros campos ou de grupos de trabalho forçado e tinham sido obrigados a ir até Dachau a pé, conduzidos pelos SS, que abatiam no caminho todos os que caíam. O campo de Dachau, portanto, estava superlotado, com cadáveres por todo lado.

Os americanos, por sua vez, ao libertarem o campo, tinham decretado uma quarentena, por causa da epidemia de tifo. Mitterrand, portanto, circulando por aquele campo de Dachau, ouve uma voz fraca, sussurrando: "François". É Robert Antelme que, num estado de fraqueza inimaginável, consegue ser reconhecido por Mitterrand. Mitterrand, porém, não pode fazer nada de imediato para conseguir a saída dele, por causa da quarentena. Voltando para a França, logo avisa Marguerite Duras de que viu Robert vivo no campo.

Dionys Mascolo, que era ao mesmo tempo amante de Marguerite e melhor amigo de Robert Antelme, e Georges Beauchamp decidem ir lá de carro libertar Robert. Conseguem todos os carimbos necessários para passar pelas barreiras militares e entrar no campo, apesar da quarentena, graças a Mitterrand, e chegam a Dachau. Portanto, eles entram e, entre as pilhas de milhares de mortos, encontram Robert. Tinham tomado a precaução de colocar nele um capote militar e um quepe de oficial para tirá-lo como se ele também fosse integrante de uma comissão de inquérito. E assim conseguem tirá-lo, amparando-o, porque cabe dizer que Robert Antelme era grandalhão, um colosso, mas estava pesando apenas uns trinta quilos ao deixar o campo. Um médico havia avisado Beauchamp e Mascolo de que eles deveriam dirigir devagar, porque o coração de Robert não estava sustentado por músculos. Só lhe restavam as artérias e as veias. Portanto, eles tomam muitas precauções para voltar a Paris. Robert quase não era um ser humano, mais parecia um fantasma. Aliás, ele também nos contou algo extraordinário: durante aquela longa travessia a pé para ir ao campo de Dachau, nas pausas da marcha, pediam ora a um companheiro, ora a outro, que tirasse as cartas para ver quem ia sair daquela. Na vez de Robert, disseram-lhe que ele voltaria e, além disso, acolheria uma militante em sua casa. Enquanto isso, Marguerite Duras tinha se tornado militante do Partido Comunista.

O que salvou Robert foi o fato de, assim que retornaram, terem chamado um médico que tinha ido para a Índia e conhecia casos de desnutrição profunda. Ele sabia, portanto, que não deviam, de modo algum, alimentá-lo, mas dar-lhe soro fisiológico. Muitos deportados morreram ao serem libertados porque se lançaram às latas de conserva. Foi o caso do meu amigo Joseph Recanati, que tinha sido internado no campo Mauthausen e havia sobrevivido àquela experiência. O segundo milagre para Robert foi, portanto, aquele médico chegado da Índia, que sabia que não se deve alimentar quem está privado de comida há muito tempo. Ele ficou de cama bastante tempo e progressivamente recuperou o metabolismo original, ou seja, o de um homem de 85 quilos!

L. A. — Você não cortou os laços com François Mitterrand nem com Marguerite Duras, Robert Antelme e Dionys Mascolo. Todos faziam parte daquela jovem geração que tinha realizado a chamada Resistência interna e, ao mesmo tempo, assim como François Mitterrand, comungavam um pouco aquela ideia de que a vitória tinha sido confiscada pelo general de Gaulle e pela Resistência externa; que aquela nova França, que deveria sair daquele movimento de Resistência interna, tinha sido posta a perder, de alguma maneira, pelo general de Gaulle, que desejara angariar todos os franceses que não tinham lutado na Resistência, ou seja, a maioria dos franceses. Em que estado de espírito intelectual, moral e político você se situava após a Libertação?

E. M. — No fundo, de Gaulle se impôs principalmente em relação aos comunistas. O Partido Comunista tinha milícias patrióticas, ou seja, milícias armadas, formações pré-revolucionárias, de certa forma. A União Soviética, por sua vez, não queria uma revolução na França, pois queria que a França primeiro se envolvesse totalmente na guerra, e, por isso, Maurice Thorez dissolveu aquelas milícias patrióticas, trazendo assim o Partido Comunista para a legalidade. Por isso, as esperanças de uma verdadeira revolução desapareceram desse lado. As outras esperanças, de revolução humanista, também desmoronaram. Devo dizer que, para mim, o fracasso está principalmente no fato de que grandes figuras da Resistência patriótica, cujos nomes foram esquecidos hoje, como Pierre Hervé, Pierre Le Moign', Marcel Degliame, não puderam ter acesso à vida política e foram substituídos por políticos profissionais. Alguns tiveram uma carreira curta, como Claude Bourdet, que dirigiu o jornal *Combat*.

A única exceção é um pouco François Mitterrand, o que para mim é mais uma prova de sua habilidade. Ele tinha fundado, com algumas pessoas, um pequeno partido, a UDSR (União Democrática e Socialista da Resistência), que tinha se tornado um partido de centro e se tornará muito útil para o estabelecimento de maiorias parlamentares. Foi assim que, a partir de então, ele se tornou ministro com bastante frequência.

Foi então que nossos caminhos se separaram, por duas razões. A primeira é que na época eu ainda era um comunista de guerra, nutria grandes esperanças que começaram a desmoronar lentamente nos anos seguintes à Libertação, em decorrência do jdanovismo intelectual reinante no Partido e da retomada dos julgamentos. Durante alguns anos, porém, de 1944 a maio de 1945, eu ainda tinha fé numa nova sociedade, vivia na euforia da Libertação, fé de que comungavam, aliás, Marguerite Duras e Robert Antelme, que tinham se tornado comunistas por minha causa. Houve um acontecimento bastante sintomático: na época, começava-se a produzir carros, especialmente 4 cavalos. Mas era preciso ter um vale para obter um carro, ou esperar de um a dois anos. Marguerite, que estava ansiosa para ter um, havia obtido de Mitterrand um vale para comprar um Peugeot. Ela então me disse: "Vamos pedir a François um vale para você, assim você também pode comprar um carro." Lembro que nos reunimos com Marguerite, minha esposa Violette, Dionys e Robert. Nós, homens, dizíamos que não poderíamos nos comprometer, porque Mitterrand tinha se tornado dirigente de um partido burguês e, portanto, não queríamos ter uma dívida moral para com ele, enquanto as mulheres nos diziam que éramos completos cretinos, que tínhamos a oportunidade de ter um carro, que era preciso aproveitar. Eu finalmente cedi, Marguerite negociou e obtive o vale. Mas aí surgiu um segundo problema moral, porque eu não poderia aceitar aquele vale sem agradecer a François Mitterrand, mas, ao agradecer, eu teria de me comprometer politicamente. Apesar de tudo, escrevi uma carta de agradecimento a François Mitterrand. Ele tinha se tornado um político, não no sentido grosseiro do termo, mas num sentido despoetizado.

L. A. — Um politiqueiro, não um político?

E. M. — Não, era um político, claro, mas passava de um ministério a outro, de acordo com o governo.

L. A. — No entanto, os dois pertenciam à mesma geração, comungavam os mesmos ideais. Mas ele não só nunca acreditou no comunismo, como também, ao contrário de você, evoluiu muito depressa para um antigaullismo.

E. M. — No que diz respeito ao comunismo, não passávamos de uma minoria de combatentes da Resistência que uniam a ideia de luta pela libertação da pátria com a da libertação mais geral dos destinos da humanidade, de sua redenção. Era uma verdadeira religião de redenção terrena. Acreditávamos ser racionais e científicos, ao passo que éramos místicos. Muitos não tiveram essa ilusão. Mas na Resistência – e para mim era isso o que ela tinha de bonito – havia um fenômeno de catálise a partir de dois polos opostos: de um lado, os nacionalistas de direita, gente que não podia suportar a ideia de derrota, colaboração e humilhação francesa; de outro, comunistas de origem estrangeira, como na Mão de Obra Imigrante (MOI), que não podiam admitir o

Pacto Germano-Soviético e transgrediram as diretrizes do Partido. O mais admirável é que as pessoas vindas daquela direita, como François Mitterrand ou Daniel Cordier, em contato com a Resistência, converteram-se às ideias republicanas da esquerda.

L. A. — Está dizendo que Mitterrand era de direita?

E. M. — Sim, no início da vida ele estava num invólucro de direita, mas cuja polpa queria ser de esquerda, digamos assim. Inversamente, muitos daqueles que eram internacionalistas tornaram-se patriotas na Resistência. Voltando a Mitterrand depois da Libertação, ele me parecia um político hábil, mas não tive praticamente nenhum contato com ele durante vários anos. Em compensação, Marguerite e Robert continuaram a segui-lo, mantiveram um vínculo pessoal muito forte com ele.

Eu o admirava, estimava-o, mas não tinha mais aquele vínculo devotado, depois que o movimento foi dissolvido. Em seguida houve uma ruptura decisiva, quando Mitterrand se apresentou como candidato às eleições de 1965. Então escrevi um artigo no *Le Monde* para dizer que eu não votaria em de Gaulle nem em Mitterrand, que me absteria. Minha ideia na época, que ainda hoje é a mesma, era de que me era impossível passar um cheque em branco para uma esquerda oficial que não tinha se regenerado, que ainda não tinha encontrado uma nova base de pensamento. Mitterrand era, no entanto, um candidato de esquerda, com o apoio dos socialistas, de Pierre Mendès France, mas eram as mesmas ideias que perduravam. Por outro lado, embora eu tenha admiração por de Gaulle, ele não era apenas o Libertador, era também o dirigente de um partido de direita.

Mitterrand não estava nada satisfeito, e me fez saber. Havia um grande afastamento entre nós. Os anos se passaram, a união da esquerda ocorreu sem que eu acreditasse, mas em certo sentido eu estava errado nesse ponto. Eu receava que, como sempre havia ocorrido na história passada, aquela união da esquerda se transformasse numa aliança em que o Partido Comunista depenaria a galinha socialista, para usar os termos da época. Foi o que aconteceu, aliás, nas democracias populares. Eu não havia imaginado que pudesse ocorrer o contrário, numa conjuntura histórica nova, é verdade, mas sobretudo graças à astúcia de François Mitterrand, que, de certa maneira, deu o beijo da morte no Partido Comunista. Já não me lembro se votei nele em 1981, mas estava na festa do *Nouvel Observateur* para celebrar aquela vitória, seja como for, histórica. Eu estava bem contente, apesar das dúvidas. Lembro que Gilles Martinet me disse então: "Agora vamos precisar de cinto de segurança." Na realidade, ele também se enganava.

L. A. — Mitterrand torna-se, portanto, presidente de uma Quinta República que ele condenara, o que é anunciado em seu livro *Le Coup d'État permanent*.* No entanto, ele vai vestir às mil maravilhas a roupagem da Quinta República que tanto havia denunciado. Por quê?

E. M. — É isso aí, o lado politiqueiro de François Mitterrand. Na verdade, ele estava muito contente por dispor de todos os poderes que de Gaulle havia implantado com a nova Constituição. Não iria desfazer-se deles. Tive dois contatos pessoais com François Mitterrand após aquela eleição. O primeiro, em 1982, quando recebi a Legião de Honra no CNRS, e meu pai, que adorava condecorações, me disse que ficaria muito feliz se eu a recebesse do presidente da República. Escrevi a François Mitterrand, perguntando-me o que ele iria responder depois de todo aquele tempo. Ele não só aceitou, como também, durante a cerimônia, fez um discurso muito amável, benevolente.

O segundo episódio em que o revi ocorreu depois de uma carta que lhe enviei porque um amigo meu estava preso devido a um crime

---

* Plon, 1964. Lit., *O golpe de Estado permanente*. [N.T.]

passional. Era um professor universitário que, numa crise delirante, havia estrangulado a esposa. Na prisão, tinha se tornado uma espécie de santo, ensinando os analfabetos, incentivando os outros a estudar, a fazer o exame do bacharelado. Tinha criado uma espécie de centro cultural. Depois de uns dez anos, achava – assim como eu – que tinha quitado sua dívida, e por isso escrevi a François Mitterrand. A pena de morte já havia sido abolida por Robert Badinter, mas, como reação, ocorria uma campanha de denúncia dos prisioneiros que viviam no luxo. François Mitterrand respondeu dizendo que estava reduzindo a pena, o que permitiu que meu amigo saísse da prisão dois anos depois.

O último contato que tive com ele foi na época do caso Pierre Péan. Eu havia encontrado Péan com frequência enquanto ele preparava seu livro sobre François Mitterrand, com o objetivo de dar-lhe informações sobre aquele período da Resistência, que tínhamos vivido. Mas o livro de Pierre Péan teve uma repercussão ao mesmo tempo surpreendente e compreensível, porque François Mitterrand, quando se tornou candidato da esquerda, tratou de apagar completamente seu passado juvenil em Vichy. Todos os que pertenciam à geração da Libertação sabiam disso, mas as gerações mais novas do Partido Socialista ficaram estupefatas com a descoberta.

Para muitos das gerações posteriores, aquele período da Segunda Guerra Mundial constituía um bloco; considerava-se que Pétain e Vichy tinham significado colaboração total; não sabiam que tinha havido muita gente atormentada, que alguns vichystas tinham se tornado resistentes, que grande parte dos franceses era petainistas e gaullistas, com razoável complexidade, por se considerar que Pétain era o escudo que nos protegia das exigências dos alemães e de Gaulle era a espada que nos libertaria deles. Houve, portanto, uma espécie de reprovação geral a François Mitterrand. Lembro que fui levado a defendê-lo, especialmente durante um programa de televisão de Christine Ockrent, no qual se encontravam Serge Moscovici e outros intelectuais que me perguntavam como alguém pode ser amigo de René Bousquet – mas, justamente, quanto a Bousquet, na época eu não sabia absolutamente qual tinha sido seu papel nas batidas policiais e nas deportações de judeus, na função de secretário-geral de polícia. Eu respondia que minhas amizades eram transpolíticas, como François Mitterrand. Reiterava o fato de que François Mitterrand tinha sido um resistente heroico, mais que corajoso. Não gosto que batam em homem caído. Tive a impressão de que era esse o caso, e foi por isso que tomei a palavra para defendê-lo, não só por ter a sensação de que queriam destruí-lo, mas também porque, para mim, ele é uma personalidade de enorme complexidade, na qual se encontra o melhor e o pior. Eu o defendi, e ele foi grato a mim.

L. A. — Vamos voltar à guerra da Argélia. Você, que lutou na Resistência ao lado dele, como vivenciou o fato de ele ter participado de diferentes governos da Quarta República e ter ocupado, especialmente, o cargo de Ministro do Interior? Como você julga hoje a atitude dele naquela guerra, atitude que parece muito complexa e contraditória?

E. M. — Ele não entendeu absolutamente a realidade do problema. Abraçou a tese oficial de que "a Argélia é a França" e a repetiu num momento em que estava evidente que aquilo não podia ser verdade. Como ministro, ratificou certo número de execuções capitais. Na época, estávamos, portanto, em polos opostos. Na verdade, com Robert Antelme e Dionys Mascolo, eu tinha participado da criação de um comitê contra guerra no Norte da África – pois cabe lembrar que as questões do Marrocos e da Tunísia ainda não estavam resolvidas. Tomamos imediatamente uma posição óbvia sobre a guerra da Argélia. Eu nem sequer pensava nele, porque, para mim, ele fazia parte daquele clã de políticos "oficiais" que, em vez de procurar uma saída, preferiam afundar na guerra. Esse foi o caso de Guy Mollet. Portanto, estávamos em total oposição.

L. A. — Por acaso François Mitterrand entendeu alguma coisa do fenômeno das independências? Entendeu profundamente a descolonização? Na época, ele falava da necessidade de uma "reforma".

E. M. — Essa era realmente a ideia inicial da classe política, mas foi rapidamente ultrapassada pelos acontecimentos: tratava-se de encontrar depressa um esquema federativo ou confederativo em que as antigas colônias ganhassem independência e, ao mesmo tempo, ficassem ligadas. Mas os impérios se estilhaçaram, quer se tratasse da União Soviética, quer do Império Britânico, porque as pressões das nações heterogêneas eram muito grandes. A guerra da Argélia favoreceu o movimento centrífugo dos países da África negra. O que se pode lamentar, retrospectivamente, é que não tenha sido criada uma federação ou confederação de países africanos anteriormente franceses. Como resultado, eles ficaram submetidos a fronteiras da antiga colonização, a fronteiras que criavam agregados étnicos e religiosos diferentes. Ao contrário, poderia ter sido pensada uma grande unidade, com peso na política internacional. Mas aqueles países se dividiram e sofreram mais facilmente o pós-colonialismo das potências ocidentais, em especial da França. Em relação à Argélia, ele subestima completamente o problema. A insurreição começou em 1954 com o Todos os Santos Vermelho, e em 1956 ele vai continuar acreditando e afirmando que reformas de fundo, econômicas, vão resolver o problema, que na realidade é muito mais profundo. Quando foi ministro, não era daqueles favoráveis à abertura. François Mitterrand, ministro da Quarta República, não foi um grande ministro.

L. A. — Vamos voltar à cor política de François Mitterrand. Ele tinha vindo da direita, e a resistência vai fazê-lo evoluir. Torna-se político com a UDSR, aceitando cargos ministeriais oferecidos pela Quarta República. Em seguida, faz campanha, candidata-se à presidência duas vezes. Você acha que ele matou certa ideia de esquerda quando chegou ao poder? Ao ser eleito, em 1981, ele introduz ministros comunistas em seu governo, mas você mesmo disse que é o beijo da morte. Por acaso ele inventa uma nova esquerda ou mata a que existe?

E. M. — Acho, principalmente, que ele não conseguiu ser o líder de uma esquerda regenerada e nova. Desempenhou papel positivo junto ao Partido Socialista, que estava completamente esclerosado na época, com vários movimentos, o Partido Socialista Unificado (PSU), o Partido Comunista, os radicais, os partidários de Jean-Pierre Chevènement (*chevènementistes*), ao mesmo tempo nacionalistas e marxistas, os moderados etc. A esquerda se entregou a uma espécie de etilismo revolucionário, com linguagem anticapitalista. Mas a esquerda não conseguiu cumprir essas promessas de linguagem. Mitterrand, quando se viu diante da escolha econômica da Europa, permaneceu muito tradicional em suas posições. Escolheu o caminho normal, porque o outro era de fato muito aventuresco. Fez questão de tranquilizar os Estados Unidos, fornecendo-lhes informações sobre a União Soviética, que eles talvez já tivessem, mas que provavam a boa vontade francesa.

Mitterrand sempre tentava vestir uma roupagem de esquerda em suas falas. Por exemplo, dava a impressão de ser um pouco forçado quando dizia "dinheiro, dinheiro sujo". Um amigo meu, Rosco, disse que François Mitterrand, quando viajou pela primeira vez a Moscou, levou o *Manifesto do Partido Comunista* de Karl Marx, para ver o que estava escrito! Mas acho que, apesar de tudo, prestou um grande serviço à esquerda ao se tornar um operador de alternância. A França estava congelada desde de Gaulle, que tinha sido um caso histórico especial. Tivemos, sucessivamente, Pompidou e Giscard. A França estava, portanto, ligada à direita. O Partido Comunista era um núcleo duro que murchava, o Partido Socialista estava esclerosado e decadente. François Mitterrand devolveu vida a tudo isso. Na época, eu achava que ele devolvia vida de modo um pouco mistificador, mas preciso reconhecer que ele foi capaz de criar alternância, renovar o pessoal político no aparato estatal. O balanço é muito complexo. É preciso perceber suas luzes e sombras. Entre as coisas positivas, há avanços humanistas, como a abolição da pena de morte. Mas a pessoa permanece enigmática. Era um homem que tinha uma faceta de "padrinho", para o melhor ou para o pior. Era muito fiel a quem lhe era fiel, mas podia ser terrível com quem lhe criasse obstáculos. Tinha várias verdades, mas não podíamos saber qual era realmente a mais profunda nele. Devo dizer que ainda não esgotei a personalidade de François Mitterrand.

L. A. — Será possível fazer isso? Se observarmos sua política exterior, veremos que ele não pressentiu a queda do muro de Berlim, ao mesmo tempo que era construtor da Europa com sua contraparte alemã, Helmut Kohl. Enfim, qual é o saldo, a seu ver, de seus dois mandatos de presidente?

E. M. — Um saldo complexo e cheio de contrastes, pois houve momentos de cegueira em seu modo de olhar as coisas. Ele não entendeu o que significava a revolta na Alemanha Oriental e, enfim, permaneceu na posição bastante clássica de François Mauriac, que dizia: "Gosto tanto da Alemanha que prefiro que sejam duas." Acredito que ele tenha permanecido com essas concepções geopolíticas fixas, sem entender aquela pressão libertadora que levaria à implosão da União Soviética. Quando houve o golpe contra Gorbatchev, ele deu aval aos golpistas. Portanto, cometeu muitos erros por falta de perspicácia. Mas acho que tudo o que ele não fez, tudo o que não era realmente de esquerda ou não estava numa perspectiva internacional inteligente, foi compensado pelo que ele fez pela Europa. Na minha opinião, foi a única causa na qual ele realmente acreditou, afinal. A geração de Mitterrand, que é também a de Jean Monnet, é a dos fundadores da Europa, socialistas e democratas-cristãos, frequentemente oriundos da Resistência, com uma visão não fechada sobre a França, que consideravam que na Europa nada mais se fizera senão matarem-se uns aos outros em suas guerras fratricidas, e que era preciso acabar com aquilo. Também apareceu rapidamente um gigantesco Império Soviético, e, para aqueles fundadores, era preciso tentar organizar-se. Mitterrand foi muito lúcido nesse aspecto quando disse que os pacifistas estavam no Oeste, e os mísseis, no Leste. Tinha percebido muito bem a ameaça nuclear e, de fato, mais tarde, se perceberá que a União Soviética tinha previsto planos de invasão da Europa. O saldo, portanto, tem muitos contrastes. Houve, no entanto, aquela linda história de amor entre François Mitterrand e Helmut Kohl, duas personalidades tão dessemelhantes – quando a gente olha a foto deles, quase parecem o Gordo e o Magro, só que sérios, é claro! –, que, no entanto, se amavam ternamente, andavam de mãos dadas. Todos se lembram das lágrimas de Kohl no funeral de Mitterrand. François Mitterrand, portanto, trabalhou por esta Europa, que, infelizmente, continua inacabada, pois tudo ainda está por ser feito. Contudo, a Europa foi seu ato de fé, o assunto sobre o qual ele manteve constância política, a parte positiva de seu saldo.

L. A. — Como você soube da morte de François Mitterrand?

E. M. — Não me lembro exatamente onde nem quando, mas lembro que me tocou muito, que fui invadido por uma avalanche de lembranças. A morte daquele homem imediatamente ressuscitou em mim o jovem capitão de 28 anos, aquele François Mitterrand cheio de entusiasmo e coragem. Revi toda aquela trajetória cheia de contrastes. Aquilo me tocou tanto, que escrevi três artigos sobre ele, para tentar entender a minha própria posição e quem era Mitterrand. É uma pessoa que continua muito presente em minha mente.

L. A. — Em um texto seu, absolutamente admirável, você menciona os mistérios de François Mitterrand, inclusive no momento de seu duplo funeral. O corpo duplo, o funeral duplo, a vida dupla e até mesmo as vidas de François Mitterrand, para além até de sua própria vida, no momento do limiar. Por que essa espécie de duplicação de François Mitterrand, que ele mesmo quis e montou?

E. M. — Eu acredito que havia um Mitterrand oficial, chefe de Estado, que encarnava a França, inclusive em sua evolução. Foi esse o celebrado em Notre-Dame por chefes de Estado estrangeiros. Havia também um Mitterrand privado, secreto, filho de Jarnac, que amava literatura. É muito importante do ponto de vista literário, porque Mitterrand encarna aquela geração que amava Chardonne, Rebatet. No entanto, nunca foi tocado pelo surrealismo. Ele possuía uma multiplicidade de identidades. Entre elas, há realmente uma polaridade dupla, na qualidade de personalidade privada, muito pessoal, secreta, e personalidade oficial. Mas, no final da vida, houve várias interferências, pois Mazarine apareceu de repente no mundo da mídia. Havia uma espécie de embate entre o que era da alçada do privado e do público, um choque entre os dois. Ele teve um fim de reinado triste e sombrio. Deve-se lembrar que, quando ele foi eleito em 1981, houve uma festa, muita alegria popular, mas tudo aquilo acabou naufragando e derretendo nos últimos anos. Por outro lado, quando foi eleito em 1988, ele sabia que tinha câncer. Conseguiu não só camuflá-lo, embora tivesse feito declarações sobre a necessidade de ser transparente, pois houvera o precedente de Pompidou, mas acho até que sua vontade de viver e sua vontade de reinar eram tão grandes que os estragos do câncer de próstata foram retardados, e a medicina não ortodoxa à qual ele recorreu pôde ajudá-lo. Era, portanto, um homem que, subindo ao trono com o qual sonhava, já sabia que estava condenado à morte. Ele viverá por dois períodos de sete anos, vai conseguir camuflar nos últimos anos do setenato tudo o que era obrigado a fazer como atendimento médico e tratamento para a fadiga. Também aí há heroísmo, mas um heroísmo para a glória. A sensação é de que era uma pessoa marcada pelo destino, como quando deveria ter sido preso na rua Dupin, mas acabou sendo salvo por Minette Antelme. Ele sempre sobreviveu, sempre triunfou! Quantas vezes foi considerado politicamente morto, sobretudo após o caso da Avenue de l'Observatoire, onde cometeu mais que uma imprudência! Ele era capaz, ao mesmo tempo, dos piores conchavos e dos maiores ímpetos de grandeza e generosidade. Era um pouco como uma personagem de Shakespeare, com a diferença de que, no dramaturgo, as personagens se matam com sangue, e aqui os assassinatos, numerosos, eram psíquicos, morais e políticos.

6

Autocrítica como método de pensamento

L. A. — *Autocritique* foi publicado em 1959, Edgar Morin. Você era então um jovem intelectual. Esse texto fala de engajamento, humanismo, valores, cidadania. Em que circunstâncias publicou esse texto e pode nos dizer que repercussão ele teve?

E. M. — Eu me divorciei intimamente do Partido Comunista e do comunismo soviético na época do julgamento Rajk na Hungria, uma caça às bruxas que me deixou profundamente enojado. Não renovei meu cartão do Partido, mas também não ousava dizer que estava fora do Partido. No entanto, em 1951, como eu tinha escrito um artigo no antigo *L'Observateur*, sobre um colóquio do CNRS, intitulado *Vies et campagnes*, fui excluído porque *L'Observateur* era, supostamente, um jornal do *Intelligence Service*. Portanto, eu me sentia numa espécie de cadáver político, cadáver que, no entanto, ressuscitou com o relatório Khrushchev, que criou novas esperanças, com o outubro polonês, aquela revolta popular contra a ditadura do Partido, com aquele acontecimento enorme que foi a Revolução Húngara.

Foi assim que me tornei antistalinista de novo. Depois disso, em 1958, decidi me questionar, perguntando-me como era que eu, que na adolescência e no pré-guerra tive uma cultura de esquerda muito antistalinista – tinha lido Trotsky, Souvarine, jornais sobre a Guerra Civil Espanhola ou sobre os julgamentos de Moscou –, como eu, portanto, tão lúcido sobre aquele regime, durante a guerra pude me converter, me transformar e recalcar tudo o que sabia. Recalcar, porque, como explico no livro, todos os defeitos que via na União Soviética passaram a decorrer, para mim, não de causas internas, mas, em primeiro lugar, do atraso do sistema czarista herdado pela Revolução Comunista e, em segundo, do cerco capitalista, que criava um estado de sítio e uma espécie de febre obsidional.

Eu via a URSS cercada por inimigos e imaginava que, após a vitória, floresceria uma maravilhosa civilização fraternal e socialista. Na verdade, retomei um argumento que Simone Weil tinha formulado pouco antes da guerra. Ela dizia que, se houvesse guerra, seria terrível, e, mesmo que não houvesse guerra, ficaríamos sob a hegemonia da Alemanha. Considerava que essa hegemonia seria muito dura e cruel, mas – dizia –, como o nazismo era um acidente histórico devido a uma conjunção específica, a Alemanha seria um país culto demais para permanecer nazista por muito tempo, o partido se dissolveria e, finalmente, teríamos uma nova Europa. Ela abandonou rapidamente esse argumento, assim como eu, embora tenha pensado como ela no começo. Essa esperança, porém, eu transferi para a União Soviética. Eu refletia que, de fato, ali ocorriam atos cruéis, horrores, mas o futuro era nosso. Então, quis escrever esse livro para refletir sobre as razões profundas que me haviam levado à conversão e sobre os processos difíceis da minha desconversão. Porque, em geral, os ex-comunistas escrevem sobre as pessoas que os enganaram. Mas eu não quis acusar as pessoas que me enganaram, eu quis dizer por que eu mesmo me enganei. Ninguém me logrou. Esse livro, portanto, é um exame pessoal de minha evolução intelectual, daquilo que me levou do antistalinismo ao comunismo stalinista e, depois, daquilo que me levou a me desconverter, pois o que há de surpreendente nos acontecimentos históricos, os "tsunamis" da história, é que eles não modificam apenas os destinos individuais, mas também o pensamento dos indivíduos.

Quantas pessoas, que eram apenas pacifistas de esquerda, aceitaram o armistício, dizendo que não havia nada que fazer, depois aceitaram a *Pax germanica* e, quando entramos na Guerra Mundial, colaboraram com a guerra nazista? Vi gente se transformar nesse sentido e, às vezes, ao contrário, no outro. Por exemplo, Joseph Darnand, o infame chefe da Milícia Francesa, quis ir para Londres em junho de 1940.

Vi tantos destinos desencaminhados, que acabei por concluir que, à minha maneira, eu também tinha me desencaminhado, mas, por outro lado, não queria que isso acontecesse de novo. Vi muita gente boa aderir ao comunismo por amor à humanidade e transformar-se em fanáticos rígidos e desumanos. Foi esse o caso, por exemplo, de meu amigo filósofo Jean-Toussaint Desanti, a quem eu dedicava grande afeição e que me disse, em dado momento, aspirando seu cachimbo, que, se algumas centenas de milhões de pessoas tivessem de morrer para que o socialismo triunfasse, seria preciso passar por isso.

Todos esses percursos me levaram a formular o seguinte problema geral e coletivo: como evitar desencaminhar-se de uma aspiração justa? Como entender que, sem ter consciência, presos numa engrenagem, cheguemos a trabalhar pelo contrário daquilo que nos levara à decisão de militar? Com aquele livro, portanto, o que eu quis apresentar e generalizar foi uma missão de autovigilância intelectual.

O livro, na época, teve certa repercussão também porque as pessoas estavam levantando muitas questões em torno de democracia, comunismo, França. Também haviam ocorrido um golpe de Estado em Argel e a subida ao poder do general de Gaulle. Eu me lembro muito bem de que, naquela altura, minha querida amiga Florence

Malraux, infelizmente falecida, trabalhava no *L'Express* e deu um jeito de conseguir a publicação de várias páginas sobre o meu livro. Todos esses fatores possibilitaram de fato certa repercussão em torno daquele texto. Posteriormente, porém, ele foi um pouco esquecido. Só mais tarde alguns maoístas, principalmente, que tinham se desmaoizado, apreciaram meu livro.

Foi o que aconteceu com Sabah, minha companheira e esposa atual, que na época era estudante em Grenoble e militava num movimento marxista-leninista marroquino, já que ela é de origem marroquina. Estava impressionada com o sectarismo e a atitude dos homens em relação às mulheres. Começava a ter dúvidas, e foi o meu livro *Autocritique* que a libertou. Então eu acredito ter desempenhado algum papel para certas pessoas, ajudando-as a alcançar o próprio esclarecimento. Encontrei apenas um caso contrário, de um rapaz que veio me dizer que, depois de ler *Autocritique*, tinha entrado no Partido Comunista. Perguntei-lhe como era possível, e ele respondeu que eu tinha contado uma vida tão interessante, que ele havia sentido vontade de viver as mesmas aventuras.

L. A. — Então, hoje, como evitar desencaminhar-se?

E. M. — Acredito que essa questão se apresenta em qualquer época, mas especialmente hoje, porque se constata uma resignação diante do que está acontecendo com imigrantes e refugiados, diante do fato de que, cada vez mais, grandes poderes financeiros colonizam não só a sociedade, mas também o governo. Acho que não se pode estabelecer uma relação de identificação entre o que hoje deve ser resistência e aquilo que ela foi na época em que eu era clandestino, porque naquela época corríamos riscos que implicavam nossa vida e nossa morte.

Hoje não estamos naquela situação e, espero, *ainda não estamos*! Mas há duas resistências para empreender: a primeira, diante do retorno da barbárie, que parecia estar realmente se dissipando, em especial depois de 1989, com a dissolução do Império Soviético e a desmaoização. No entanto, estamos assistindo ao retorno das velhas barbáries da história humana, que são a crueldade, a implacabilidade, o desprezo, o ódio, a tortura, a agressividade. Estamos assistindo também ao retorno dos bodes expiatórios, do ódio ao outro, ao judeu, ao árabe.

Essa barbárie está de volta à história com regimes autoritários que estão surgindo em quase todos os lugares, mais recentemente no Brasil. Vemos terríveis forças de retrocesso em ação. Há também uma segunda barbárie, que vem de dentro de nossa civilização; esta, por trás de suas conquistas que acreditávamos irreversíveis, desenvolve uma maneira de apreender a humanidade e o mundo pelo prisma do cálculo, com PIB, crescimento, estatísticas e sondagens. Ora, tudo o que é humano escapa a essa visão. Essa concepção do cálculo está ligada ao enorme desenvolvimento do lucro, à degradação das antigas solidariedades que existiam tanto nas grandes famílias, nas cidadezinhas, no trabalho, nas oficinas, nas fábricas. Aliás, você sabe por que saí de Paris?

L. A. — Não! No entanto, você era um parisiense apaixonado, conhecia a cidade como a palma de sua mão, adorava os cafés. Você é um homem que gosta muita da sociabilidade, mas nem por isso é mundano. Por que, então, decidiu sair de Paris?

E. M. — Eu nasci em Paris. A Paris da minha infância se situava em Ménilmontant. Era um lugar de convivência, familiar, animado, humano. Fui designado para atuar em Paris nos últimos anos da Resistência. Depois da guerra, vivi maravilhosamente numa fraternidade em Saint-Germain-des-Prés, com meus amigos Marguerite Duras, Dionys Mascolo e Robert Antelme. Era daquela Paris, chamada de "Paname" na época – essa palavra não é usada agora –, que eu gostava. Não sei se você notou, mas há um número enorme de canções sobre Paris do final do século XIX até a canção "À Paris", de Francis Lemarque. E de repente, em 1980, deixou-se de cantar Paris, pois já não era uma cidade sobre a qual alguém poderia dizer "É 'minha' cidade". Paris agora é bonita para os turistas, os viajantes, mas é uma aglomeração onde reinam o anonimato, o nervosismo, os engarrafamentos. Só restam pedacinhos de bairros humanos e acolhedores. É assustador.

Tudo isso me levou a escolher Montpellier e sua cidade velha, pedestre, tranquila, acolhedora. Nela me sinto bem. Se falo de minha experiência, não é por ser uma dessas pessoas que lembram os "bons velhos tempos", mas porque isso revela uma lenta degradação. Sei que é tudo ambíguo, que algumas coisas perdemos com o progresso e outras ganhamos. Por exemplo, ganhamos muito em intimidade com o *smartphone*, mas, ao mesmo tempo, perdemos porque podemos ser mais controlados. Perde-se e ganha-se. Também não sou daqueles que dizem que antes estávamos no "melhor período da história". Até acho isso insano, porque, em primeiro lugar, uma época para quem? Para as pessoas das favelas da Ásia, da África, da América Latina?

Hoje, vemos o aumento da angústia ligada à degradação da biosfera, à proliferação das armas nucleares, à ascensão dos fanatismos em todo o mundo. A guerra na Síria, por exemplo, não é apenas uma guerra civil, mas uma guerra internacional e mundial: todos os grandes países estão envolvidos. Portanto, estamos numa época perturbadora, de angústia e problemas generalizados. Em algumas revistas, às vezes se sugere que estaríamos na mais bela época da humanidade, porque a duração da vida aumentou. É verdade, é ótimo, eu sou a encarnação disso. Mas também há pessoas que envelhecem, tornam-se incapazes e são mandadas para asilos, onde são maltratadas. Não são os números que nos indicam se somos felizes. Considerando, por exemplo, o período de infelicidade coletiva, que foi a Ocupação, eu, pessoalmente, era bem feliz, porque me sentia bem dentro da minha pele: fazia o que considerava justo e bom. Nem a nostalgia dos "bons velhos tempos", nem a exaltação do que ganhamos nos permitirão tomar consciência da periculosidade da época em que vivemos. No entanto, é isso o que importa.

L. A. — Em *Autocritique*, fala-se muito de vigilância, elucidação da realidade, transparência em relação a si mesmo. Como o título indica, trata-se de uma confissão cujo principal acusado é você. Você foi o primeiro, na década de 1960, a demonstrar essa autocrítica. Hoje, qual seria sua definição de intelectual?

E. M. — O intelectual não é definido por sua profissão – ele pode ser professor, advogado ou escritor –, mas pelo fato de que, em paralelo com sua carreira, dedicada às coisas da mente e do intelecto, ele se engaja em praça pública e toma posição em problemas fundamentais da história concreta de sua nação ou da humanidade. Foi o que aconteceu, por exemplo, com Rousseau, que elaborou uma constituição para a Córsega.

Mas o intelectual moderno, a meu ver, nasceu realmente com Émile Zola. É um escritor que, subitamente revoltado com uma máquina infernal que condenava um inocente, o capitão Dreyfus – e isso em meio ao consenso geral, com a aprovação das altas autoridades e da justiça –, vai desencadear um movimento intelectual e político que tem por princípio que a verdade deve prevalecer. Nisso ele se opõe aos intelectuais de direita, que, ao contrário, consideravam que a razão de Estado deveria vir em primeiro lugar. O segundo grande intelectual moderno que esquecemos foi Romain Rolland. Quando eclodiu a Guerra de 1914-1918, os socialistas franceses e todos os que eram então pacifistas correram para a União Sagrada. Houve uma irrupção de ódio e desprezo pelos alemães na França e vice-versa na Alemanha. Romain Rolland, que estava na Suíça, escreveu uma série de artigos intitulada *Au-dessus de la mêlée*, em que condenava aquela guerra fratricida. Sozinho, insultado, achincalhado, ele exemplifica o modo como, muitas vezes, o intelectual precisa saber enfrentar riscos e desprender-se de sua casta, transformada num rebanho de carneiros. O intelectual, portanto, formula problemas fundamentais que dizem respeito à história ou, mais geralmente, ao destino humano. Por exemplo, Albert Camus, quando escreveu *O homem revoltado*, atuou como intelectual, e não apenas como filósofo, porque, em vez de escrever uma obra de filósofo "profissional", escreveu um livro para todos e para ninguém.

Eram numerosos os intelectuais na França no período pré-guerra, considerados todos os intelectuais antifascistas e antistalinistas, intelectuais de direita, colaboradores. É bom lembrar também que houve desvios entre os intelectuais, que não cumpriram seu dever. Porque o dever do intelectual é verificar as fontes de suas afirmações. Nesse sentido, critico Jean-Paul Sartre por ter cantado louvores à União Soviética durante décadas, depois ao maoísmo. Ele tinha alijado de seu conhecimento todas as informações verídicas sobre esses dois regimes. Acontece de o intelectual vender ilusões, autoenganar-se. Seu dever, portanto, é autoexaminar-se e estar vigilante quanto ao que diz.

L. A. — Vigilância talvez seja uma definição, sua definição de intelectual. Lembro-me de seu livro *La Rumeur d'Orléans**, que caiu como uma bomba no mundo intelectual por várias razões. Por um lado, você introduziu um método de compreensão de algo que, por definição, era inapreensível: o boato. Como decidiu deter-se em Orleans? Como trabalhou para tentar captar, mapear e dissecar o que tinha constituído aquele boato e alimentado o antissemitismo?

E. M. — Eram os jornais da capital que informavam sobre um boato que circulava em Orleans. Esse tipo de boato também existia em Paris

---

* E. Morin et al., *La rumeur d'Orléans*, Seuil, 1969 (lit., O boato de Orleans). Em Portugal, foi publicada uma tradução: *Alarme em Orleães*, Editorial Início, 1970, trad. José Manuel Carvalho. [N.T.]

e em outras cidades da França, mas a informação só ganhou força graças a uma moça pertencente a uma das famílias acusadas, que decidiu ir a Paris falar com um funcionário da Liga Antirracista (Licra), para que o boato fosse qualificado como proveniente de meios racistas e antissemitas. Esse boato dizia que, em algumas lojas de roupas para moças, punha-se clorofórmio no provador, para fazer a freguesa adormecer e, assim, ser levada para um porão, de onde era transportada para bordéis do Oriente Médio. Esse boato tinha por alvo certo número de lojas para moças, todas pertencentes a judeus. O que chamou atenção foi que havia em Orleans lojas para adultos ou outras, também pertencentes a judeus mais velhos que os outros comerciantes judeus, mas que eram poupadas pelo boato.

Fui lá com meu grupo e conseguimos concluir que aquele boato não tinha nenhuma base. Então me perguntei em que meios ele se difundia. Percebi que afetava principalmente lojas para moças, estudantes de liceu ou secretárias. Portanto, era um boato que dizia respeito essencialmente a um ambiente feminino. Havia até uma professora, judia, que tinha dito às alunas que não fossem àquelas lojas. Minha investigação possibilitou entender que aquele boato não provinha de nenhuma fonte política antissemita ou árabe, mas que era a fusão de um boato já em circulação, sobre o "comércio de escravas brancas" – expressão que se referia a jovens que eram seduzidas em bailes e em seguida se tornavam prostitutas –, e um boato anterior, que encontrei num jornal antigo. Portanto, era um boato de fusão e, embora na época ainda não existissem redes sociais, esse boato tinha conseguido boa circulação. As mães diziam às filhas que não fossem àquelas lojas.

Enviei ao local os diferentes integrantes do meu grupo de trabalho, para diferentes ambientes, e vimos que aquilo dizia respeito muito menos a homens do que a mulheres. Organizamos uma "refeição sociológica" com pessoas ameaçadas pelo boato. A investigação foi muito rápida, durou apenas quatro dias e quatro noites, pois não se baseava em nada tangível. Então nos demos conta de que, no fundo, o mais interessante era a capacidade de propagação daquele boato. E mais interessante ainda é que nosso livro não destruiu o boato. As pessoas que o difundiam não eram antissemitas, mas, apesar disso, aquele boato mostrava a existência de um antijudaísmo arcaico, enraizado na tradição francesa de guetização dos judeus.

Faço questão de estabelecer a diferença entre antijudaísmo e antissemitismo. O antissemitismo é um fenômeno moderno, nascido da ideia de raça e nação. O antijudaísmo é de origem cristã. Naquele boato ele foi despertado de maneira inconsciente, pois as pessoas que espalhavam o boato nem sequer tinham consciência de que ele afetava apenas lojas de judeus. Era, portanto, um fenômeno de inconsciente coletivo. Aliás, a segunda edição do livro contém o boato de Amiens, estudado por um dos meus colaboradores, Claude Fichter. Mais tarde também apareceu o boato referente aos restaurantes chineses.

L. A. — Você acha que ainda vivemos no modo boato?

E. M. — Esses boatos até se multiplicaram, pois agora não se propagam apenas boca a boca, mas tweet a tweet, com as diferentes redes sociais. Estou impressionado com o número de boatos que ressurgem. Houve, por exemplo, o boato em Seine-Saint-Denis sobre a exportação de negros africanos para cidades do interior em troca de dinheiro. Também houve um boato de que a ideologia de gênero seria ensinada sistematicamente nas escolas para mostrar que não há diferenças entre meninas e meninos, o que fez milhares de pessoas irem às ruas.

Acho que o boato de Orleans poderia ser explicado por um tipo de angústia subjacente das jovens, que usavam minissaias, maquiavam-se, tinham todo o aspecto exterior de mulher excitante e picante. Mas, no íntimo, eram meninas interioranas, que tinham medo de estupro e sequestro. Havia uma diferença entre a roupa exterior, que provava a liberdade sexual, e suas impressões interiores, dominadas pelo sentimento de não serem livres e pelo medo, o que fazia o boato espalhar-se com tanta força. Acho que hoje há uma enorme angústia, falta de futuro, incerteza, precariedade, tendência a encerrar-se num nacionalismo fechado, um neorracismo. Toda uma série de fenômenos favorece a disseminação desses boatos, sobretudo na internet. É, portanto, uma questão atual.

L. A. — Mas a sociologia não mutou um pouco de objetivo, não perdeu a função eminentemente social que ocupava antes?

E. M. — Não acho que a sociologia tenha mudado de objetivo, mas sim que os estudos sociológicos se tornaram muito mais fragmentados. Já não se tenta pensar o problema social em seu fundamento, como faziam os precursores dessa ciência, como Georges Friedmann ou George Gurvitch, como eu tentei fazer, ou como também faziam Touraine, Pierre Bourdieu, que, no entanto, se opunha a mim, ou Michel Crozier. É, portanto, verdade que hoje não há aquela atitude que consiste em pensar os problemas fundamentais e globais da sociedade atual. Para voltar aos métodos de luta contra os boatos, em relação ao caso Dieudonné,* é preciso dizer que proibir não é suprimir. A lei Gayssot** é muito ambivalente nesse sentido: proibindo, amedronta, inibe, mas ao mesmo tempo, favorece o boca a boca subterrâneo. Isso também explica por que, durante muito tempo na França, foi difícil medir o grau de antissemitismo e antijudaísmo. Só agora, com casos como o de Dieudonné, podemos ter informações sobre esses fenômenos. Acho

---

* Dieudonnée M'Bala M'Bala é um humorista francês que em suas apresentações fez declarações consideradas antissemitas e racistas. Processado, seu caso teve grande repercussão entre 2013 e 2014, com a proibição de seus espetáculos. Teve diversas condenações por provocação à discriminação, ao ódio e à violência racial ou religiosa, negacionismo e apologia ao terrorismo. Ele mesmo se define como antissionista e antissistema. [N.T.]
** A lei Gayssot (do nome do deputado comunista Jean-Claude Gayssot) é de 13 de julho de 1990. Seu objetivo é reprimir atos racistas, antissemitas ou xenofóbicos. Reprime também a contestação da existência dos crimes contra a humanidade, conforme definidos no estatuto do Tribunal Militar Internacional de Nuremberg. [N.T.]

que o antissemitismo de antes da guerra tinha diminuído muito após a Segunda Guerra Mundial. Mas sempre existiu e foi realimentado pelo número de sobrenomes judeus na medicina, na mídia e em outras profissões de grande visibilidade. Eu sou daqueles que acreditam que o antissionismo, ou seja, a crítica à política de Israel em relação aos palestinos, não é nem um pouco antissemita.

L. A. — No entanto, você foi acusado de ser, justamente, antissemita!

E. M. — De fato, são puros absurdos as acusações de antissemitismo contra mim ou contra Stéphane Hessel por parte do Conselho Representativo das Instituições Judaicas da França (Crif). Apesar disso, estou vigilante, pois sei que se pode facilmente resvalar do antissionismo para o antissemitismo. Hoje, Dieudonné é uma espécie de catálise de elementos que, até então, eram potenciais e com ele ganharam consistência. No mundo árabe-muçulmano, falar de novo antissemitismo é absurdo, porque é um mundo semita. Contudo, pode-se falar de um novo antijudaísmo que nasceu da existência e da política de Israel. No Egito e em outros lugares, os *Protocolos dos Sábios de Sião* e outras obras fantasmagóricas proliferaram desse modo. Não se pode negar que, numa parte do mundo, Israel é alvo de um novo antijudaísmo. Muitas pessoas originárias das antigas colônias, ao mesmo tempo que desenvolvem um pensamento antissistema, opondo-se ao neorracismo ambiente, consideraram que a causa e a origem desse sistema ruim estão nos judeus.

Na França, é curioso, porque há também uma transferência do antiarabismo e do anti-islamismo. Desse modo, os ciganos, população mártir desde séculos, tornaram-se uma população bode expiatório: expulsam-se famílias, mesmo sabendo muito bem que há grande capacidade de integração nessas populações. Por exemplo, na Espanha, sob o governo socialista de González, medidas governamentais permitiram que os jovens ciganos frequentem a escola e ajudem ainda mais seus pais, que temiam a dissolução de sua identidade. Em conclusão, estamos, acredito, num período extremamente retrógrado. É como se houvesse um retorno do vichysmo, sem a presença de tropas alemãs.

L. A. — Você acha que o período de retrocesso que estamos atravessando chega ao ponto de se parecer com o vichysmo?

E. M. — É um neovichysmo, porque está sendo reabilitado o lema "Trabalho, Família, Pátria". Ainda não está muito evidente quanto ao trabalho, mas no que diz respeito à família, são bem impressionantes e interessantes as manifestações das famílias, que levavam para as ruas tanto casais jovens com carrinhos de bebês quanto idosos. Minha mulher, por exemplo, entrevistou uma idosa de 96 anos numa cadeira de rodas, e a resposta foi que ela estava naquela manifestação para defender a família. Percebe-se que, com os boatos sobre o ensino da ideologia de gênero, há angústias reais cristalizadas em torno da família, ao mesmo tempo que se esquece o que essa noção significa. Infelizmente, nenhum político apontou que a crise da família na França já é antiga, começa com a nuclearização da família, com o fim da família ampliada e a liberação sexual que facilita divórcios. Portanto, a família já está em crise por razões históricas, políticas e culturais. Essa família em crise, porém, também é um refúgio, pois há o medo da solidão num mundo cada vez mais anônimo.

L. A. — Houve também a aprovação do casamento para todos, que abalou muitas certezas.

E. M. — O interessante, justamente, é que o casamento entre pessoas do mesmo sexo, no fundo, é a glorificação do casamento, porque o consagra. Os partidários do casamento, portanto, deveriam estar encantados com o fato de o aspecto nobre e sagrado do casamento estar sendo valorizado. Mas, que nada, isso é visto, ao contrário, como uma nódoa, uma profanação da família. Tudo isso entra em jogo. Deveriam ter dito a essas famílias que entendemos sua angústia, mas que ela é infundada. Da mesma forma, a polêmica sobre sexo e gênero, polêmica antiga, que vem agitando o mundo intelectual há alguns anos, é absurda, pois o sexo sem dúvida vem biologicamente, mas o gênero vem depois, com a cultura. É evidente que a cultura modifica o status dos sexos, mas no início somos diferentes, sexual e hormonalmente. Tudo isso assumiu formas de pensamento apenas alternativas, segundo as quais ou só se trata de sexo, ou só de gênero. Isso deu origem a combates entre biologistas e culturalistas.

Portanto, estamos numa época de cretinização mental, porque não são vistas as complexidades da realidade. É exatamente a mesma coisa em relação aos debates entre o crescimento, por um lado, e, por outro, o decrescimento, ao passo que, obviamente, é preciso que certas coisas cresçam, como a ecologia, e que outras decresçam, como a economia das coisas supérfluas e enganosas. Estamos fixados demais no pensamento binário e alternativo. Vejo nisso um sinal de decadência do pensamento, não só de retrocesso social e político.

7

Como viver tendo a incerteza como princípio?

L. A. — Hoje, temos um pouco a impressão de viver num mundo político pulverizado, em que a própria noção de pertencer a um partido parece obsoleta. Como você vive neste mundo de incertezas?

E. M. — Acho que vivo este mundo com a experiência da incerteza, do surgimento do inesperado e do improvável. Já lhe falei sobre o inesperado, que foi a resistência soviética. Outro acontecimento foi inesperado: Stalingrado. Os outros acontecimentos eram mais prováveis, mas a guerra teria terminado mais cedo, se não tivesse havido aquela resistência tão tenaz. O bloco dos Aliados se desmontou, o que talvez fosse previsível, mas isso ocorreu de maneira espantosa. Devo dizer que a guerra da Argélia, que eu vivi, também me mostrou que o inesperado, o incerto, o improvável acontecem. Então acho que em nosso tempo vai acontecer novamente o inesperado, bom ou ruim. Por isso, não acho que sejamos sempre postos diante do fato consumado, mas que é preciso continuar a fazer o que nos parece bom, custe o que custar. Vivo tudo isso sem desesperança e sem esperança ilusória. Aliás, quando falamos de esperança, sempre se trata de possibilidade, nunca de certeza. Se o retrocesso continuar, estou preparado para viver num oásis de fraternidade e resistência, à espera de tempos melhores, a continuar salvaguardando os valores essenciais nos quais acredito. A experiência me ensinou que é preciso enfrentar tempos difíceis, e sei que eu não estaria sozinho. É revigorante resistir. Eu não me encanto com a esperança, mas, se há algo que a gente precisa continuar a defender, é o partido de Eros. É minha convicção, é o que me mantém em forma.

L. A. — O partido de Eros também passa por resistência ao que, infelizmente, era previsível. Previsível é o fato de continuarmos a atentar contra a natureza. Você foi um visionário nesse campo, porque sempre se engajou na defesa da natureza, do meio ambiente e da ecologia. Hoje, quando nos chegam todas as informações por meio dos maiores cientistas que as cúpulas internacionais reúnem, como você explica o fato de que os poderosos deste mundo cuidam tão pouco e tão devagar dos problemas essenciais?

E. M. — É a lentidão da conscientização. Lembro muito bem que, quando estava na Califórnia, convivia com ecologistas e biólogos, e eles já tinham me alertado para essas questões. Então li um artigo de Paul R. Ehrlich, "A morte do oceano", que, de uma maneira talvez prematura, anunciava o que está acontecendo agora, ou seja, a degradação dos oceanos, não só por causa da pesca em grande escala, como também por causa de todos os esgotos e poluições. O que me ajudou muito foi que tomei consciência das duas mensagens fundamentais presentes nesse texto: a primeira tratava dos perigos para a biosfera e a segunda alertava para os perigos de uma civilização que estava perdendo o convívio. Lembro que, ao voltar para a França em 1972, dei uma conferência intitulada "O ano I da era ecológica".

Na época não houve resistência à destruição da Terra, pois toda a nossa educação é fundamentada na separação entre o homem e a natureza. A Bíblia ensina que o homem é feito à imagem de Deus, mas não os animais. Paulo anuncia que os homens podem ressuscitar, mas não os cães e os gatos. Descartes também explica que os animais não têm alma e são máquinas. Então fomos levados a dissociar-nos da natureza, embora tenhamos uma natureza animal em nós. Sem a vegetação, sem os animais, não teríamos mais comida.

Seria preciso lutar contra uma terrível marca cultural da civilização judaico-cristã-ocidental. Por outro lado, alertas como Chernobyl geravam emoções, que eram imediatamente acalmadas pelo retorno à vida cotidiana. Mesmo o aquecimento global, que se manifestou no verão passado por fenômenos totalmente inesperados, foi sentido, mas logo esquecido. A conscientização, portanto, é muito difícil, primeiro entre os cidadãos, depois no governo dos Estados, pois os Estados soberanos hesitam em tomar medidas drásticas. Alguns Estados acham que podem tirar proveito do aquecimento global, como a Sibéria, que espera ter videiras e palmeiras.

O que também está faltando é o entendimento de que a globalização, embora seja responsável pela criação de uma comunhão de destinos para todos os seres humanos, criou tais angústias e tais retrações culturais que, em vez de tomarmos consciência do destino que temos em comum, nós nos encerramos na consciência de nossa etnia, de nossa religião. Em outras palavras, isso desenvolve particularismos, em vez de desenvolver nossa humanidade comum. Essas são as terríveis dificuldades que enfrentamos. Mas acho que, quanto mais nos aproximamos do abismo, maior é a possibilidade de reação. Hölderlin dizia que onde cresce o perigo também cresce o que salva. Mas as pessoas, hoje, como dizia a canção, pensam depois esquecem, prisioneiras do presente e do cotidiano. Infelizmente, nem nossos políticos, nem nossos filósofos, trabalham para a conscientização disso.

Somos extremamente raros os que tentam alertar, e alguns daqueles que o faziam já não existem mais, como Serge Moscovici, André Gorz ou René Dumont. Eu sou um dinossauro que perpetua esse combate e, felizmente, tenho seguidores em todo o mundo. Mas estamos muito dispersos, e há muito atraso. No entanto, com a energia do desespero, é preciso continuar a tentar conscientizar a população dessas coisas.

L. A. — Você continua sendo um cidadão engajado e ainda é também, felizmente, um pensador que tenta encontrar soluções e hipóteses. Pode nos falar da maneira como pensa o assunto dos imigrantes, cada vez mais obsessivo no discurso público? Como você trabalha esse problema da migração?

E. M. — Faço minha reflexão em torno da noção bastante difundida de limiar de tolerância. Acredita-se que dada comunidade não pode tolerar certa porcentagem de estrangeiros. Na verdade, acredito que o limiar de tolerância não é físico nem biológico, mas psicológico. Lembro que, durante os desastres da França em 1940, metade do país, ou seja, 20 milhões de pessoas, mudou-se do Norte para o Sul. Durante um mês, essas pessoas foram acolhidas, alimentadas, com alguns excessos, mas também com muita benevolência. Hoje a França tem cidadezinhas completamente desertas, com terras abandonadas. Portanto, vemos que seria possível acolher. Além disso, muitos ofícios que os franceses já não querem poderiam ser exercidos por esses imigrantes. Por outro lado, há elites intelectuais que podem trazer sua contribuição. Jordi Savall, por exemplo, fundou uma orquestra de música medieval, aberta a artistas sírios e libaneses. Quanto mais médicos, artistas e engenheiros vierem, maiores os benefícios. O pseudolimiar de tolerância depende, portanto, da nossa mentalidade. Ou somos benevolentes, acolhedores e abertos, ou então nos fechamos.

Há duas coisas que devem ser consideradas: acolhida, por um lado, e medidas de urgência, por outro. Essas medidas de urgência já não precisam ser tomadas hoje, porque o grande fluxo migratório parou em 2015. Hoje, continuam a chegar imigrantes que fogem da fome e das guerras, mas o grande fluxo acabou. Portanto, continua sendo agitada a bandeira da chegada maciça de imigrantes, mesmo não havendo nenhum há dois ou três anos. Eu acrescento que há também outras medidas para serem tomadas: nos países africanos, havia muitos pequenos agricultores que viviam autonomamente de sua policultura e foram expulsos, enxotados pelas grandes empresas que fazem monocultura industrial, não destinada às pessoas que vivem nesses países, mas aos países que dispõem de riqueza econômica.

Desse modo, a África é explorada, e esses países africanos são privados da economia de subsistência, que é um dos bens mais preciosos. Acredito haver um pós-colonialismo econômico que cria essa miséria e impele à fuga. É preciso transformar a política dos países ricos para provocar uma descolonização e possibilitar-lhes a aquisição de uma economia de subsistência. Por exemplo, no Marrocos, que conheço um pouco, os agricultores deixaram de produzir trigo, porque importam o trigo francês que conta com subvenções da Europa. Desse modo, o Marrocos fica sem autonomia em relação a esse cereal essencial para o cuscuz e o pão. Há, portanto, duas coisas para fazer: de um lado, pôr em prática uma política de acolhida e, de outro, mudar a política econômica em relação a esses países.

L. A. — A Europa é o único âmbito para tentar responder aos problemas econômicos do nosso tempo?

E. M. — Eu me tornei pró-europeu em 1973, no momento em que houve a crise do petróleo, quando na Europa estávamos como doentes, à espera de um sangue que vinha do exterior. Naquela época, percebi que a Europa, que havia dominado o mundo, não passava de uma pobre coisa velha e já não cometia o pecado colonialista. Era a época em que cessava a última colonização, a de Portugal. A Europa se havia purificado. Portanto, eu me tornei intensamente pró-europeu.

Acredito que, já de início, a Europa recebeu um golpe muito profundo: a recusa da França à Comunidade Europeia de Defesa afastou qualquer possibilidade de desenvolvimento de uma Europa política. E, naquela crise, na era da prosperidade dos anos 1955 e do desenvolvimento econômico europeu, aquilo favoreceu a Comunidade Europeia do Carvão e do Aço, e, por fim, a Europa econômica redundou no euro. Mas essa Europa econômica tornou-se cada vez mais uma economia submetida a uma tecnoburocracia, a de Bruxelas, dependente de grandes interesses financeiros. Esse desvio cada vez mais tecnocrático foi o primeiro infortúnio da Europa. No entanto, eu continuava com esperanças, porque era preciso evitar a cisão a qualquer custo. Por isso votei positivamente no Tratado de Maastricht, embora não acreditasse nele.

O segundo fracasso foi a demora excessiva em incluir os países do Leste, por razões econômicas, apesar de suas aspirações de integrar a Europa. Quando foram aceitos, após análises econômicas, era um pouco tarde. Já não havia aquele alento europeu neles. Também houve profundas divergências quando de acontecimentos mundiais. Ao eclodir a guerra do Iraque, os países do Leste eram favoráveis à intervenção americana, pois era contra um ditador, Saddam Hussein, para eles uma espécie de pequeno Stálin, enquanto, para nós, se tratava muito mais de uma guerra que comportava perigos terríveis, travada por interesses sórdidos.

Hoje, cada vez mais, esses países estão com os olhos voltados para a Rússia, enquanto nós estamos voltados para o lado do Mediterrâneo e do Oriente Médio. Acrescentem-se as crises que ocorreram com o problema da Grécia, em que a atitude da Europa foi vergonhosa, com o da chegada de imigrantes pobres, vindos da Síria, do Iraque e do Afeganistão, com o do Brexit e das tendências centrífugas como na Itália, e teremos uma Europa muito doente. Seria preciso regenerá-la.

É muito difícil. Acho que, atualmente, é fundamental evitar a desagregação. Esse é o primeiro ponto, mas agora a parceria franco-alemã se fragilizou. A França presidirá a Europa a partir de janeiro. Poderá, espero, consolidá-la.

Pois há todos esses sistemas neoautoritários que se instalaram não só às margens da União Europeia, como na Turquia e na Rússia, mas também em seu próprio seio, com a Hungria, a Polônia e ameaças na Áustria. A Alemanha está preservada; por ser um país que conhece a experiência do nazismo, é o que corre menos perigo. Na França, o perigo não está descartado, mas recua por algum tempo com a derrota de Marine Le Pen nas eleições presidenciais. A Europa, no entanto, está em perigo; as forças soberanistas estão em ação. Não existe a consciência de um destino comum, que é a única coisa que pode unir. A opinião geral é muito cética, e nós, aliás, não temos consciência de algo ainda mais importante, que é a comunhão de nossos destinos na Terra, que poderia englobar nossa consciência europeia. Depois do meu livro *Pensar a Europa*,* meu amigo Mauro Ceruti e eu fizemos um livro, *Notre Europe. Décomposition ou Métamorphose*,** em 2014, sem nenhuma repercussão, no qual expúnhamos nossas ideias sobre a maneira de regenerar a Europa. Estamos longe disso. Podemos até dizer que a geração que fez a Europa, animada por um sentimento de repulsa às guerras fratricidas que nos ensanguentaram, morreu e desapareceu! E não devemos esquecer que a Europa sofreu algo terrível com a guerra da Iugoslávia, que a despedaçou, e diante da qual fomos completamente impotentes. Portanto, a Europa está em crise, o planeta também, e precisamos enfrentar isso, criar ilhas de resistência que nos permitam aguentar firme se o retrocesso continuar. Se ocorrer o contrário, elas nos possibilitarão recuperar a liberdade e a comunhão.

---

* Edição port.: Sintra, Europa-América, 1988, sem ind. de tradutor. [N.T.]
** Fayard, 2014. Lit., Nossa Europa. Decomposição ou metamorfose. [N.T.]

L. A. — Eu gostaria de voltar a outro acontecimento do passado que o marcou muito, a guerra da Argélia. Logo você se torna solidário aos outros intelectuais, como Robert Antelme, Maurice Blanchot e aqueles que escreverão o Manifesto dos 121, em setembro de 1960, intitulado *Declaração sobre o direito à insubmissão na guerra da Argélia*, mas terá uma posição independente. Você não será radicalmente pró-FLN, como alguns intelectuais daquele tempo, mas irá apoiar outro movimento, minoritário na época, que permanecerá assim, o Movimento Nacional Argelino (MNA). Você foi contatado por seu presidente, Messali Hadj.

E. M. — Devo lembrar que, com Dionys Mascolo, Robert Antelme e Louis-René des Forêts, sou um dos quatro fundadores do Comitê de Intelectuais contra o Prosseguimento da Guerra no Norte da África. Coletamos assinaturas impressionantes, como a de Roger Martin du Gard. Já no início, porém, Dionys foi contatado por Francis Jeanson, que era pró-FLN, enquanto eu era contatado por Pierre Lambert, trotskista e personagem interessante, próximo de Messali Hadj. Acontece que Messali Hadj era o fundador do nacionalismo argelino na França, a partir da década de 1920, lançado entre os operários cabilas. Houve uma cisão entre ele e seu comitê central, os chamados centralistas, moderados demais em comparação com Messali Hadj, independentista feroz. Entre essas duas tendências nasceu um movimento militar de ação chamado Comitê Revolucionário de Unidade e Ação (CRUA), que fundou a FLN. O CRUA, que tinha seus delegados no Egito, recebeu de Nasser o conselho de lançar a insurreição assim que possível, porque os americanos, que eram contrários ao governo de Pierre Mendès France, não fariam nada para ajudar a insurreição. Foi assim que ocorreu o Dia Vermelho de Todos os Santos de 1954. A FLN propôs a Messali Hadj que fosse seu presidente, mas desde que dissolvesse seu movimento, o MNA. Messali, com ou sem razão, recusou essa dissolução, querendo conservar sua autonomia. A partir desse momento, a FLN o esmagou com calúnias, como os comunistas fizeram com os trotskistas, como o

Crif faz com tudo o que se relaciona a Israel. A FLN destruiu as guerrilhas messalistas na Argélia, com uma política de extermínio.

Por que defendi a honra de Messali Hadj e dos messalistas? Porque, quando eu era comunista e ouvia calúnias contra os trotskistas, ficava calado. Depois de sair do Partido, tive vergonha dessa atitude. Por isso me manifestei e entrei em violento conflito com aqueles que achavam que a FLN estava na vanguarda da revolução mundial e da revolução na França. A segunda justificativa para meu engajamento era que, mesmo sendo partidário da independência da Argélia – aliás, éramos os primeiros a falar da guerra da Argélia –, verifiquei que a política do governo de Guy Mollet, em vez de tentar negociar, tinha intensificado a repressão militar e policial, e produzia o aumento do sectarismo dentro da FLN. Messali Hadj, ao contrário, afirmava aceitar o princípio da autodeterminação, que possibilitaria atingir a independência, a exemplo do que Bourguiba fizera na Tunísia. A FLN, portanto, pediu como preliminar a qualquer negociação o reconhecimento da independência, bloqueando assim, durante algum tempo, qualquer avanço. Desse modo, compreendi que o curso dos acontecimentos, após o golpe de Estado dos generais de Argel em 1958, expunha ao risco de possibilitar o desenvolvimento do pior dos dois lados, ou seja, o risco de implantação de uma ditadura militar na França e de uma ditadura da FLN na Argélia. Na França, evitamos essa ditadura, graças à coragem do general de Gaulle, que soube reverter as coisas. No entanto, fiquei um pouco "por fora" a partir de 1962, porque em junho de 1962 viajei para a América Latina, depois tive hepatite e precisei ficar internado num hospital de Nova York. Por isso, vivi uma longa convalescença durante todo o ano de negociações, que foi também o ano dos episódios mais cruéis, com os atentados da Organização do Exército Secreto e, do outro lado, os massacres dos *harkis*.*

---

* Integrantes da *harka*, organização paramilitar que auxiliava o exército francês durante a guerra da Argélia. [N.T.]

L. A. — Continua sendo a parte negada da história contemporânea?

E. M. — Sim. No entanto, as coisas estão começando a ser ditas. Mesmo na Argélia, em Tremecém, foi construído um aeroporto Messali Hadj, e um jornal argelino até contou sua vida. Uma vez falei com Ahmed Ben Bella, e ele admitiu que a FLN estava errada ao insultar tanto Messali Hadj. Agora o messalismo começa a ser reconhecido em sua história, especialmente graças a historiadores como Benjamin Stora. É verdade que Messali talvez alimentasse o culto de sua personalidade, mas, quando o ouvi dizer que seu único propósito na vida era dar voz ao povo argelino, fiquei muito comovido. Infelizmente, o povo argelino não teve voz. E o que compreendi em pouco tempo é que aquela era uma guerra que estava se deteriorando. Quero dizer que a partir de 1956 poderia ter havido um acordo com os governos de esquerda de Guy Mollet e de Pierre Mendès France, já que a FLN ainda não estava totalmente endurecida, se a França tivesse ousado confrontar a coalizão do exército e dos *pieds noirs*. Aquela deterioração quase nos dá uma ditadura militar na França! Só o gênio político do general de Gaulle nos salvou.

L. A. — Quanto ao general de Gaulle, qual seu julgamento sobre ele? Você dizia num artigo "Talvez a ditadura"...

E. M. — Deve-se lembrar que havia o golpe de Estado dos generais de 13 de abril de 1958, do qual ele era a emanação, mas, num artigo que escrevi no calor do momento em minha revista *Arguments*, eu considerava a hipótese de que ele poderia estabelecer a paz na Argélia e nunca o chamei de "fascista".

Eu também sabia que, para os gaullistas de esquerda, o discurso dele era favorável ao fim da guerra e, para os gaullistas de direita, o contrário. Ele era extremamente astuto. Portanto, eu achava que havia aquela possibilidade de negociação.

Em todo caso, assim que ele reprimiu o segundo golpe dos generais, eu vi que ele evitava um franquismo ou uma ditadura militar à grega na França.

Então escrevi um artigo no *L'Observateur* sobre o "Duplo Eu" de de Gaulle. Mas, para dizer a verdade, assim como outros amigos de esquerda, entre os quais Gilles Martinet, eu não ousava expressar publicamente minha admiração por aquele grande homem.

Por outro lado, lembro que, quando eu estava em Túnis, na época, conheci gente do Governo Provisório da República Argelina, ou seja, gente da Frente Nacional, que me disse: "Então, camarada Morin, o que de Gaulle está esperando para negociar conosco!" E eu respondi: "Mas o que é que vocês estão esperando também?!" Não tenho nenhum arrependimento de minha atitude, tenho orgulho de ter defendido as posições de Messali, não só porque, quando encontro filhos ou netos de messalistas, eles me agradecem e me dizem que salvei a honra de seus pais, que eram militantes corajosos da revolução argelina e, no entanto, foram chamados de colaboradores, safados, traidores. Mas, acima de tudo, estou convencido de que o mais importante é estabelecer a paz, para evitar o pior, que é a deterioração de um conflito. Infelizmente, o pior aconteceu na Argélia e foi preciso suportar as consequências. É também o que está ocorrendo atualmente no conflito entre Israel e a Palestina. Há uma deterioração de ambos os lados, não de apenas um.

L. A. — Naquele momento, você decide partir para o exterior, irá aperfeiçoar o modo de abordar sua disciplina, mas depois vai voltar para a França, e será um dos primeiros a acreditar na probabilidade de maio de 1968. Publicará um livro que fará época, cujo título é *A brecha*.* Como e por que você vai sentir que os estudantes estão se movimen-

---

* Autonomia Literária, 2018, trad. e org. de Anderson Lima da Silva e Martha Coletto Costa. [N.T.]

tando e, para retomar a expressão de Pierre Viansson-Ponté, "a França estava entediada", o que lhe possibilitará estar diretamente em sintonia com o acontecimento e escrever sobre ele?

E. M. — Primeiro, antes do maio de 1968 francês, houve revoltas estudantis nos Estados Unidos, mas também no Egito, na Polônia, em países de estruturas sociais extremamente diferentes. No início de 1968, eu estava fazendo uma conferência em Milão, onde tentava entender a internacionalidade das revoltas estudantis, apesar das diferenças de regimes. Já nessa época, portanto, penso na possibilidade de essa revolta tomar a França. Em segundo lugar, em Nanterre, meu amigo Henri Lefebvre, que era professor de sociologia, ia para a China e me pediu que assumisse seu curso durante um mês. Portanto, cheguei em março ou abril de 1968 a Nanterre, e vi, no meio dos distintivos da polícia, um jovem ruivo gesticulando, sem saber ainda que era Daniel Cohn-Bendit, que falava muito bem e parecia estar na liderança de um novo movimento. Vejo aquela agitação incrível e me digo que é um caldo do qual vai sair alguma coisa. Eu ainda não sabia que aquele caldo se expandiria muito mais do que em outros países, porque se combinaria com um movimento social. Portanto, eu estava muito atento a tudo o que acontecia, principalmente porque tinha amizade com alguns membros do grupo de 22 de março, grupo que era um pouco anarquista, do qual Cohn-Bendit fazia parte. Meu amigo e colaborador Bernard Paillard, que ainda era estudante na época, acompanhava os acontecimentos, ia aos locais, em especial às ocupações de Jussieu ou da Sorbonne, e me avisava imediatamente do que estava acontecendo. Por isso, fui bem depressa para Jussieu, onde, em salas pequenas, os estudantes analisavam problemas da atualidade e faziam política; era um verdadeiro formigueiro. Convidei meus amigos Cornelius Castoriadis e Claude Lefort a irem ver o que estava acontecendo. A revolução, então, transferiu-se para a Sorbonne, e lá acompanhei os

acontecimentos diretamente. Desse modo, tinha acesso a informações às quais a mídia e os professores não tinham. Portanto, eu as reuni e elaborei minha primeira série de artigos sobre a "Comuna estudantil". Em seguida, elaborei uma segunda série, mas devo dizer que estava um pouco exaltado pelo aspecto fraterno e a ebulição do movimento; recalcava os seus aspectos negativos, como as equiparações CRS = SS.*
Eu continuava achando que os verdadeiros agitadores do movimento eram aqueles grupos libertários, a exemplo de Daniel Cohn-Bendit, e que os grupos maoístas e trotskistas só tinham parasitado o movimento, ao mesmo tempo que o amplificavam. Por esse motivo, eu acreditava tratar-se de um ensaio geral que augurava algo maior no futuro, mas não achava que aquele movimento redundaria na Revolução, como acreditavam os trotskistas. Considero que o que escrevi no *Le Monde* na época e, depois, em *A brecha* ainda hoje é totalmente válido.

L. A. — Os acontecimentos se inventam dia a dia e vão construindo uma narrativa. Hoje a hipótese de revolução ainda é imaginável?

E. M. — O que aconteceu em maio de 1968 correspondia à explosão de uma aspiração por maior realização pessoal, maior comunhão e fraternidade. Foi exatamente o que vi na Califórnia, onde tudo começou. É uma aspiração que atravessa a história humana, que está na base de todas as revoluções e que, na minha opinião, renascerá incessantemente. Quanto mais fragmentada, sombria, prosaica, dominada e burra a vida, maiores serão as aspirações, sobretudo entre os jovens. O que é juventude hoje? É o espaço entre o casulo da infância e a integração ou mesmo a domesticação no mundo dos adultos. Essa adolescência psicológica dura mais do que a adolescência física, pois pode durar até

---

* CRS – Companhia Republicana de Segurança; SS (*Schutzstaffel*) – organização paramilitar nazista. [N.T.]

25 a 28 anos, até o momento, portanto, em que a pessoa se casa, tem filhos e encontra um trabalho. Acredito que a aspiração vai renascer, mas que as fórmulas de revolução propostas são obsoletas.

L. A. — Vamos pensar nas esperanças provocadas pelas primaveras árabes...

E. M. — Exatamente como em 1789, é uma explosão maravilhosa, uma aurora. No entanto, o curso dos acontecimentos mostra que tudo aquilo foi não só desviado, como também que esse desvio se deu em sentido radicalmente diferente. Depois de 1789, tivemos o Terror, Bonaparte e a Restauração. No entanto, o ímpeto de 1789 era fecundo: a ideia de liberdade e igualdade, à qual 1848 somou a ideia de fraternidade. Portanto, acho que a mensagem inicial renascerá, apesar dos desvios. Por outro lado, acho que a humanidade está agora num processo que a empurra diretamente para catástrofes. É preciso mudar, tomar uma nova via e chegar a uma metamorfose. Qual é a diferença em relação a uma revolução? A revolução incita a fazer tábula rasa do passado. A metamorfose convida a usar todos os recursos do passado, especialmente os culturais, para realizar a transformação, assim como a lagarta que se torna borboleta. Essa metamorfose não é privilégio de alguns insetos. A Europa feudal da Idade Média transformou-se na Europa moderna. Entre as pequenas sociedades de caçadores-coletores, surgiram as cidades dos grandes impérios da Antiguidade. Portanto, a metamorfose pode ocorrer. Acredito que há necessidade de um caminho novo, da produção de confluências, como as dos córregos e rios, para desembocar na nova política e no novo pensamento.

8

Um eterno insurgente

L. A. — Você gosta muito das sinfonias de Beethoven, que, conforme diz em seus livros, lhe dão energia, espiritualidade, elã vital e também o desejo de compreender o mundo em toda a sua complexidade.

E. M. — De fato, ouvir Beethoven me revitaliza, reenergiza, regenera, toda vez.

L. A. — É incrível constatar a maneira como a energia dessa música pode nos dar a sensação de que o sangue está circulando em nosso corpo, subindo até o cérebro. Isso também se associa a alguns ciclos de sua vida, porque, relendo seus livros, percebemos que você conheceu numerosas sequências, em que foi considerado como que morto ou ausente do mundo.

E. M. — Sim, porque minha mãe morreu quando eu tinha dez anos, e acontece que no ano seguinte tive uma doença misteriosa, desconhecida dos médicos, com 41° de febre. Sobrevivi porque colocaram gelo em todo o meu corpo. E dez anos depois, entrávamos na fase da Ocupação e, em 1941, a minha guinada para a Resistência. Evidentemente, na época eu estava correndo risco de morte real, a exemplo de todos aqueles que se engajavam como eu. Dez anos depois, experimentei um renascimento psicológico, pois naquele ano saía meu livro *O homem e a morte*, e eu entrava no CNRS, onde pude começar a trabalhar para me tornar o que sou hoje. No mesmo ano também ocorreu o meu divórcio radical do Partido Comunista, no qual eu tinha entrado durante a guerra, sob a Ocupação. Dez anos depois, em 1962, peguei uma doença grave, uma hepatite profunda que me mergulhou no coma durante alguns dias, num hospital de Nova York. Mas também foi uma mudança de vida. Saí de casa, passei a morar sozinho. Recomecei a vida.

E depois, dez anos mais tarde, quase no início do ano de 1970, fiz uma residência num instituto de pesquisa biológica da Califórnia, em San Diego. Para mim, foi o recomeço do pensamento, da vida, um renascimento, uma alegria, um júbilo maravilhoso, que vai me impulsionar e dar a ideia de fazer aquele imenso trabalho chamado *O método*. Na década de 1980, houve também uma mudança de vida, porque eu tinha me separado de minha esposa Johanne e me casava com Edwige, mulher que me marcou profundamente, que foi muito importante e também me fez viver uma angústia mortal, porque já no primeiro ano quase morreu de uma crise de asma súbita. Eu tinha então a sensação de que precisava lutar o tempo todo contra a morte para salvá-la, o que não pude fazer mais tarde, em 2008.

Eu diria que os anos 1990 também foram muito importantes, porque provocaram muitos abalos em escala mundial. Era a morte, bem-aventurada para mim, da União Soviética, o fim do totalitarismo. Mas a morte do polvo totalitário provocou o despertar do polvo do fanatismo religioso e a superexcitação do polvo do capitalismo financeiro. O que mostra como um bem produz males diversos. Não sei o que vai acontecer daqui por diante, mas chego a um período decenal de morte e renascimento.

L. A. — Você publicou muitos livros sobre suas diferentes afiliações, fossem elas políticas, ideológicas, psíquicas, mas também literárias. Em *Autocritique* você diz: "Até certa idade, a literatura nos prepara para a vida. Ela canaliza a circulação entre o real e o imaginário. Aleita nossos tropismos afetivos. Quando saímos da infância, ela nos dota de alma. Propõe padrões modernos, com que se vestirão nossas tendências individuais. E essa roupagem, seja ela feita sob medida ou em série, dará forma à nossa personalidade. Ela nos oferece antenas para entrar no mundo. Não quero dizer que nos adapta a este mundo. Ao contrário, seus fermentos de recusa e inadaptação, seu caráter profundamente adolescente contradizem este mundo. Mas o contradizem fazendo-nos ter acesso a ele." Foi lendo certas obras, como as de Roger Martin du Gard, com *Jean Barois* ou *Jean-Christophe*, e de Romain Rolland, que você desenvolveu interiormente o ceticismo e o espírito de contradição que o animam até hoje.

E. M. — É verdade. O que me impressionou muito em *Jean Barois* foi a luta permanente entre a necessidade de acreditar e a tendência contrária, ao mesmo tempo cética e racional, de não acreditar. De minha parte, sempre vivi esse antagonismo permanente e, afinal, complementar; entre a necessidade de acreditar, de comunhão, de adesão, e, ao contrário, a necessidade de racionalidade crítica e cética. Nenhuma triunfou definitivamente. Gostaria aqui de retomar a interrogação de Kant: "O que posso pensar, em que posso acreditar, o que posso esperar? Para responder a essas perguntas, preciso saber o que é o homem." Era o que também pensava Roger Martin du Gard. Tudo o que tentei fazer, afinal, também foi responder a essas perguntas passando pela interrogação do ser humano, desde *O homem e a morte*, que considero meu primeiro livro importante. Para mim, a filosofia e o pensamento passam pela antropologia: não se pode negligenciar o fato de sermos um tecido de contradições, uma mistura de razão e loucura, de delírio.

L. A. — O que há de muito importante no seu trabalho é que nele nunca é possível compartimentar as disciplinas. Nisso, você foi um precursor. Foi um dos primeiros, por exemplo, a introduzir na sociologia a antropologia, a ecologia, as ciências biológicas. Fez algumas viagens aos Estados Unidos num momento em que isso não estava na moda. Assim, introduziu na sociologia um pensamento sobre o mundo científico. Também lhe devemos a invenção da complexidade. Mas eu me pergunto se não foi a sua experiência como homem que lhe permitiu pensar essa complexidade tão importante no plano filosófico, ideológico, político e intelectual, a exemplo de Jean Cassou, que você conheceu tão bem: ele havia parado de fazer poesia na juventude e de repente voltou a fazê-la durante a Ocupação, quando estava na prisão. Dizia que era por estar então nas melhores condições para a poesia se manifestar, ou seja, no silêncio e na solidão. Segundo ele, a poesia era uma espécie de afloramento da memória esquecida, que o poeta de repente exumava, tirava da escuridão, por um sentimento de nostalgia e melancolia. Você comunga dessa experiência poética?

E. M. — Fico feliz por você ter citado Jean Cassou, grande homem e grande poeta, hoje ignorado, que eu amei, admirei, que foi um dos primeiríssimos resistentes. Ele aludia assim aos sonetos que compôs em segredo e só pôde escrever quando saiu da prisão. Para mim, o que ele diz é não só profundamente verdadeiro, como eu até diria que, na esteira da mensagem dada pelos surrealistas, considero a poesia como algo vital, que se manifesta quando amamos, quando estamos em expansão, quando comungamos. Para mim, poesia e literatura têm cada vez mais importância. Também falo da literatura, pois há, por exemplo, esta frase de Ernesto Sábato, que diz que "o romance é hoje o único observatório do qual se pode contemplar a condição humana em sua integralidade". As ciências humanas destroem a coisa humana, o indivíduo, a particularidade. É o romance que nos mostra a vida integral.

Refletindo sobre a relação entre minha vida e minha obra e tomando o exemplo do meu primeiro livro importante, *O homem e a morte*, é certo que escolhi esse tema da morte não só porque a morte de minha mãe me marcou para sempre, mas também porque tantos amigos meus morreram durante a guerra, na Resistência, fuzilados ou deportados! Quando eu quis interrogar a morte, porém, constatei, na Biblioteca Nacional, que para a palavra "morte" não havia praticamente nada: isso me incentivou a pesquisar a pré-história para saber como nossos ancestrais concebiam a morte, ou seja, os túmulos, os enterros, as crenças nos espíritos. Saber como as religiões concebem a morte: precisei interrogar a etnografia; precisei interrogar a ciência das religiões, a história do pensamento, a psicologia, para entender, por exemplo, como a criança descobre a morte. Também precisei questionar o modo como as sociedades evoluem e tentam recalcar a morte, caso da sociedade contemporânea. E, claro, precisei me interessar por biologia, pois a morte é um fenômeno biológico. Por isso, não é por mania que me tornei inter- ou transdisciplinar. Sempre que se considera um assunto importante, não há disciplina separada que possibilite tratá-lo. É preciso ir buscar em saberes dispersos. Isso me rendeu má reputação durante longo tempo, e hoje as coisas começam a melhorar. Portanto, claro, tudo o que escrevi foi produto da minha vivência. Acredito que foi Nietzsche quem disse: "Não posso dissociar minha obra de minha pessoa." É verdade.

Voltando ao papel dos intelectuais no curso da história, sempre me impressionou a frase de Hegel, segundo a qual, "se o pensamento não for transformado, a realidade não poderá ser transformada". Na verdade, acredito que são os pensadores que permitem as grandes transformações. Agora, não se deve afirmar que todas as pessoas no poder são lastimáveis. Há muitos desse calibre, mas também há personalidades que se revelaram justamente em grandes catástrofes, como Churchill e de Gaulle. Em geral, o poder cai nas mãos de medíocres, mas, paradoxalmente, não é o que ocorre quando se apresentam situações terríveis... Foi preciso Dien Bien Phu para se ter Mendès France. Eu diria que é preciso, ao mesmo tempo, recusar este mundo e aceitá-lo, mas que, para aceitá-lo, é preciso recusá-lo. É mais ou menos o que Beethoven disse com sua fórmula *"Muß es sein? Es muß sein!"*, o que quer dizer: "Preciso aceitar a coisa? Sim, preciso aceitá-la, para poder recusá-la."

L. A. — Há alguns anos, você foi alvo de calúnias, levado aos tribunais. Você, o grande lutador da Resistência, foi acusado de antissemitismo. Ganhou a causa, mas foi moralmente abalado por aquelas acusações?

E. M. — Fui acusado por acreditarem que, embora militasse pela defesa de um povo sofrido e infeliz, era por motivos vis. Aliás, no que me diz respeito, a calúnia não está morta. Recentemente, o diretor da Rádio J disse a uma amiga que meu objetivo é a destruição do Estado de Israel. É como o boato de Orleans, sobre o qual eu tinha escrito um livro. Continua vivo o boato de que eu quero a destruição de Israel. O mais terrível é que a única política razoável para salvar Israel no futuro está na possibilidade de se integrar naquele Oriente Médio, em vez de ser uma potência resolutamente hostil lá. Eu não só critico o que o exército israelense faz e continua a fazer, como também acho que a situação do povo palestino é desesperadora e desesperada.

9

Como pensar o futuro da humanidade?

L. A. — A sua revista *Arguments* e todo aquele movimento intelectual possibilitaram fazer as gerações mais jovens entender que podemos agir sobre o mundo. A seguir, você deu início a um novo ciclo em sua vida e em seu engajamento intelectual. Expandiu seu próprio campo de possibilidades, ao introduzir a noção de complexidade. Eu lembraria que sua obra sobre o método representa doze volumes e trinta anos de trabalho, e, relendo-a, podemos descobrir uma obra monumental, a despeito, às vezes, das dificuldades decorrentes do fato de você recorrer a vários vocabulários científicos que não podemos necessariamente entender se não formos desse campo. É possível sentir que você está sendo cada vez mais convocado, como que intimado, a tentar pensar o futuro do mundo. Quarenta anos depois, em 2011, você publica um livro, *A via: para o futuro da humanidade.** Temos assim a impressão de que todo esse reservatório – filosófico, político, intelectual, literário, musical – congrega-se para poder, ao mesmo tempo, nos dar desesperança e clarões de esperança.

---

* *La Voie. Pour l'avenir de l'humanité*, Fayard, 2011. Em port., *A via: para o futuro da humanidade,* Bertrand Brasil, Rio de Janeiro, 2013. Trad. Edgard de Assis Carvalho. [N.T.]

E. M. — Em primeiro lugar, gostaria de esclarecer que, quanto a *Socialisme ou barbarie*, não fiz parte do grupo, mas, evidentemente, era muito ligado a Claude Lefort e Cornelius Castoriadis, e isso, até o fim. Eles me influenciaram muito. Quanto à revista *Arguments*, que tentei dirigir com espírito de comunidade, queríamos uma revisão geral, uma nova reflexão sobre o mundo, não só em torno do marxismo, mas de tudo. Para mim, antes de partir para a Califórnia, foi um banho de juventude, que me permitiu entender qual era meu programa de trabalho, ou seja, o de um repensar generalizado sobre o mundo, que implicava repensar a globalização para a qual éramos carregados. Para mim, foi também a época em que começou a gestação da ideia de pensamento complexo. Entendi que, por todo lado, estávamos diante do desafio da complexidade e que, para sermos capazes de responder, era preciso reformar nossa maneira de pensar, compartimentalizada, analítica demais.

No meu livro *A via*, todos esses temas retornam, em especial o tema político, que chamei assim, mas na realidade é antropolítico, pois se trata da elaboração de uma política do homem e da humanidade! Nele desenvolvo a ideia de que é preciso mudar tudo, mas também abandonar a ideia de revolução em favor da ideia de metamorfose, que possibilita ser outro, mas assumindo a herança do passado, em vez de fazer tábula rasa. Acredito que só se pode alcançar verdadeira metamorfose mudando de via, mas só se pode mudar de via por uma multiplicidade de caminhos, de reformas, pois tudo precisa ser reformado. É necessário integrar à metamorfose uma reforma da vida, da vida de cada um, uma reforma da ética, do amor, porque mesmo o amor, que é a coisa mais bonita, pode degradar-se como possessividade. O amor deve ser uma dádiva! Também é preciso agir para os adolescentes de hoje, pois é uma idade maravilhosa, ao mesmo tempo de aspiração, revolta e transgressão. É preciso entender em vez de reprimir o tempo todo. Também é preciso reformar a velhice. Portanto, tento mostrar que todas as reformas estão unidas. Esse livro é um pouco testamento, retomada de todos os temas de minha vida, não para fazer uma bela sinfonia, como Beethoven, mas para unir e pôr a interagir tudo isso, como numa obra musical.

L. A. — Ao mesmo tempo, você é realista, e não idealista. No final de sua obra, você escreve: "A esperança parece morta, as gerações mais velhas estão desiludidas com falsas promessas e falsas esperanças; as gerações jovens estão mergulhadas na confusão. Lamentam que já não haja uma causa à qual se dedicar, como a Resistência durante a Segunda Guerra Mundial, mas nossa causa carregava em si o seu contrário. Como dizia Vassili Grossman, em Stalingrado, a maior vitória da humanidade foi, ao mesmo tempo, sua maior derrota, pois o totalitarismo stalinista saiu vitorioso. A vitória das democracias restabelece ao mesmo tempo seu colonialismo. Hoje a causa, inequivocamente, é sublime. Trata-se, de fato, de salvar a humanidade." Você está convencido de que o polvo totalitário está mesmo extirpado de nossa humanidade, está convencido de que os fanatismos religiosos não virão esmagar nossas próprias liberdades e acha que, sem dúvida, subsiste um vislumbre de esperança?

E. M. — Tudo o que digo é que as probabilidades são, atualmente, desastrosas ou catastróficas. O que é probabilidade? É aquilo que, para dado observador em dado momento, pode ser projetado para o futuro. Hoje, continuamos a corrida insana para a multiplicação de bombas nucleares, para a degradação ambiental, para uma economia não regulada, que vai multiplicar crises, para a irrupção de maniqueísmos e fanatismos. As probabilidades são assustadoras! Mas sempre há uma parcela de improvável na história da humanidade.

No meu livro, dou o exemplo da pequena Atenas, do povoado que resistiu duas vezes a um enorme império, o império persa. Resultado? Nascimento da filosofia e nascimento da democracia! Eu mesmo vivi o improvável, porque, em dezembro de 1941, o exército nazista alemão estava às portas de Moscou, e o governo soviético tinha fugido para os Urais. Stálin, no entanto, foi capaz de nomear Júkov como general do *front* de Moscou e ficou sabendo, por seu espião Sorge, que os japoneses não atacariam a Sibéria. Por isso, mandou transportar o exército da Sibéria para Moscou, e o exército de Hitler, congelado diante da capital russa, sofreu sua primeira derrota. Ocorreu toda uma série de fatores inesperados e improváveis, portanto, possibilitando a primeira ofensiva vitoriosa de Júkov contra o nazismo. Dois dias depois, o Japão obrigava os Estados Unidos a entrar na Guerra Mundial.

Penso que mesmo hoje existe a improbabilidade: são todas essas forças vitais que brotam de toda parte, criativas, ignoradas pelos partidos, pelas administrações, e um dia poderão reunir-se. Pois, como diz Hölderlin, onde cresce o perigo também cresce o que salva. Como, atualmente, a maioria de nossos governantes continua cega, acreditando apenas nesse crescimento fadado ao desastre, quando o perigo se tornar muito mais evidente, talvez haja uma reação, talvez nasçam aqueles que, hoje, não podem exprimir-se e dirão não a essa situação. Minha fé, portanto, está no improvável, pois, afinal, o improvável aconteceu em minha vida, várias vezes, de maneira salvadora. Não desespero, mas não anuncio a vitória do improvável. Digo que é preciso empenhar-se de forma titânica pelo futuro de todo o gênero humano.

L. A. — Você é um grande pensador que nunca separou o prazer sensual, físico, do prazer intelectual. Aliás, quanto tempo você passou dançando na vida?

E. M. — Eu não quantifiquei, mas houve períodos em que eu dançava todas as noites, até de manhãzinha. Gosto de ser levado pela dança, especialmente o rock. Gosto das danças que permitem liberar-se e esbaldar-se. A repetição do ritmo é algo que ajuda a ficar num estado mental alternativo. Não é por acaso que, na guerra, se usa o tambor para pôr os soldados em transe. No xamanismo, de que falo no meu livro, o rufar monótono de tambor ajuda a criar esse estado mental alternativo. No fundo, é a dança que requer música e ritmo. Ela me põe no estado poético que faz parte do que há de melhor na vida.

L. A. — Num texto intitulado *Conhecimento, ignorância, mistério*,* de 2017, você solta as amarras. Fala muito de transe, que, aliás, acompanhou os primórdios do jovem Edgar, que estava começando suas aulas científicas e trabalhava com Jean Rouch. A dança, o transe, o êxtase nunca o abandonaram.

E. M. — Não mesmo. É algo de que mais tarde tomei consciência, em especial quando compreendi que a vida é polarizada entre estados prosaicos e estados poéticos. "Quem aumenta seu conhecimento aumenta sua ignorância", dizia Friedrich Schlegel. Os estados prosaicos correspondem aos estados que nos entediam, que fazemos sem nenhuma paixão, frequentemente por coação, por obrigação. Os estados poéticos são aqueles em que nos expandimos, em que comungamos. É amor, festa, amizade. Pode ser uma partida de futebol. É o que nos é dado pelas belas obras de arte: música, literatura. Acho que não nos preocupamos o suficiente, em especial em sociologia e política, com esses estados que correspondem à verdadeira vida. Os outros estados são da ordem da sobrevivência. Mas o verdadeiro problema é viver, viver realmente e desabrochar, mas sempre no seio de uma comunidade e de uma comunhão. Foi o que sempre procurei e muitas vezes saboreei.

L. A. — Nessa comunidade em que vivemos, você foi um dos primeiros, como cientista e sociólogo, a se interessar por aquilo que era

---

* *Connaissance, ignorance, mystère*, Fayard, 2017. Em port., *Conhecimento, ignorância, mistério*, Bertrand Brasil, Rio de Janeiro, 2020. [N.T.]

considerado vulgar e anódino. Por exemplo, foi fortemente marcado pelo iê-iê-iê, quando estava trabalhando na revista *Communication*. Foi você quem o designou assim, inventou, descobriu.

E. M. — Inventei a palavra, é verdade. Tudo nasceu em 1963, com aquele evento chamado "La nuit de la nation",* durante o qual a rádio Europe nº 1 transmitia um programa chamado *Salut les copains* com as primeiras bandas de rock em que Johnny Hallyday tocava, entre outros. Aquele programa organizou uma grande noitada na Place de la Nation, e a festa, em vez de ser apenas uma festa de alegria, tornou-se mais violenta. Alguns jovens arrancaram as grades das árvores, viraram carros. Diante daquele fenômeno incompreensível, o redator-chefe do *Le Monde* me perguntou se eu poderia tentar decifrar aqueles acontecimentos. Foi quando, reunindo meus conhecimentos, sobretudo dos movimentos sociais nos Estados Unidos, e fazendo referência ao surgimento no cinema dos heróis da adolescência, como James Dean e Marlon Brando, achei que havia uma nova classe de adolescentes, que aparecia com seus uniformes, seus ritos, sua linguagem etc. Na época, para os sociólogos, isso era descabido, pois a juventude não existia como categoria sociológica. Eu os chamei de "*yéyés*" porque eles usavam com frequência a expressão "Oh yeah". Consegui acompanhar aquele fenômeno juvenil até maio de 1968.

Escrevi sobre maio de 68 no exato momento em que estava ocorrendo, no calor dos acontecimentos. Assumi riscos intelectuais, ao passo que os outros esperaram o fato passar. Ao mesmo tempo, eu via uma juventude apaixonante na Califórnia em 1969. Tudo aquilo me fez sentir regenerado, rejuvenescido. Eu adorava ir aos *park in*, onde dezenas de milhares de jovens, com bandas e um som extraordinário,

---

* Lit., Noite da Nação. Designa um grande show gratuito organizado em 22 de junho de 1963 pelo canal Europe nº 1 e pela revista *Salut les copains*, na Place de la Nation em Paris. Reuniu cerca de 150 000 pessoas. [N.T.]

se reuniam num clima de transe e exaltação. São coisas muito intensas para mim.

L. A. — A partir de sua estadia na Califórnia, você introduziu, numa aliança entre ciência e filosofia, novos conceitos no campo disciplinar da sociologia e da filosofia, mas também certa metodologia. Há também em você uma faceta hedonista que lhe permite ter um interesse apaixonado pela importância do cinema. Você também trabalhou com a palavra "estrela".

E. M. — Desde os 10 anos, sou um cinéfago, um devorador de filmes. Depois me tornei cinéfilo, um selecionador. Portanto, fui marcado pelas estrelas. No meu livro *Les Stars*,* de 1957, quis estudar a complexidade das estrelas, porque a estrela não é apenas uma atriz. É objeto de um culto que a torna quase semideusa. Mas é também uma mercadoria, pois é comprada e vendida nos estúdios de Hollywood. Portanto, tem várias facetas: econômica, estética, mitológica. Eu quis reconhecer todos esses aspectos nas estrelas que se destacavam no cinema da era Hollywood. Mas o interessante é que, depois que Hollywood deixou de ter esse tipo de monopólio da arte cinematográfica, as estrelas continuaram a nascer e aparecer.

L. A. — Mas já não há estrelas hoje.

E. M. — Há, sim, ainda restam alguns astros e estrelas nos Estados Unidos, como Nicole Kidman ou Leonardo DiCaprio.

L. A. — Eles nos fazem sonhar menos.

---

* No Brasil, *As estrelas: mito e sedução no cinema*, José Olympio, Rio de Janeiro, 1989, trad. Luciano Trigo. [N.T.]

E. M. — Ou seja, na época, o cinema era considerado uma grande arte. Todo mundo ia ao cinema. Agora há a televisão. Mesmo assim, acho que ainda há rostos e personagens fascinantes, que geram apego.

L. A. — Toda vez que você tentava compartilhar utopias e elas deixavam de coincidir com a realidade, você ia embora. Você escreveu sobre essas partidas e constatações. Porque em você, há uma necessidade de dizer o que lhe está acontecendo.

E. M. — Sim. Devo dizer que conservei as aspirações da adolescência, mas perdi as ilusões. Quando ingressei na fé comunista, estávamos em plena guerra. Eu tinha muita lucidez sobre os aspectos negativos que existiam antes, mas esperava o advento de um mundo novo. Desencantei-me rapidamente quando a Guerra Fria e os julgamentos começaram. Desliguei-me até mesmo antes da Tchecoslováquia, na época do julgamento Rajk e da Revolta Húngara. Senti necessidade de escrever o livro *Autocritique* para me entender, para entender por que eu tinha me convertido àquela fé comunista – pois se tratava de fato de uma fé, quase religiosa – e como tinha conseguido me desconverter. Graças a esse exame, livrei-me de certas atitudes maniqueístas que nunca mais terei. Isso me fortaleceu na ideia fundamental para mim, que consiste em reconhecer a complexidade das coisas, das pessoas, a complexidade social. Aprendi tudo isso, por meio da reflexão sobre meus erros.

L. A. — Acaso não há um monoteísmo da verdade?

E. M. — Não, e acredito principalmente que pode haver verdades contrárias. Pascal dizia que o contrário de uma grande verdade não é um erro, mas outra grande verdade. Nem sempre isso acontece, ainda que muitas vezes ocorra. Portanto, eu tento assumir essas duas verdades contrárias.

10

A beleza do mundo

L. A. — Quando achou que a contribuição da ciência para pensar o futuro do mundo estava se tornando uma necessidade? Foi o período passado nas universidades americanas que causou essa mudança?

E. M. — Em primeiro lugar, devo dizer que minha formação se deu enquanto escrevia meu livro *O homem e a morte*, pois, para tratar da atitude do homem diante da morte, precisei recorrer a todas as ciências, não só humanas, mas também às ciências exatas, como a biologia. Então entendi que os grandes problemas só poderiam ser tratados abeberando-se, instruindo-se nas diferentes disciplinas, e sendo capaz de reunir seus ensinamentos. Fui me formando progressivamente e adotei esse método para tentar apreender a complexidade das coisas. Na época da revista *Arguments*, que cofundei, foi que comecei a refletir que estávamos numa era planetária. Isso foi antes da globalização, que começou com a queda da União Soviética nos anos 1990. Mas o problema da globalização me incentiva a pensar o problema do planeta, da unidade, da diversidade humana, dos conflitos humanos, do nosso futuro. Quando ocorreu uma manifestação dos alterglobalistas em

Seattle, em 1999, eu disse cá comigo que estava acontecendo algo importante. Achava que, realmente, estávamos caminhando para coisas positivas, mas também para perigos enormes. Com a degradação da biosfera, a proliferação de armas atômicas, o domínio das finanças no mundo, compreendi que não poderíamos nos isolar na França como se estivéssemos sozinhos, pois o mundo está em nós tanto quanto nós estamos no mundo.

L. A. — Você distingue vários estágios na admiração da beleza da arte: o estágio estético, o do maravilhamento, o do transe, o da empatia. O que você sente diante de uma obra de arte, em especial da Nona de Beethoven?

E. M. — Tudo de uma vez. A primeira vez que ouvi, fui invadido por um sentimento de sublime, que me colocou num verdadeiro estado de transe. Eu devia ter 13 ou 14 anos. Acabava de descobrir a música clássica. Até então, eu me limitava a ouvir canções. Tinha ido ao Concerto Lamoureux na Sala Gaveau. Havia lugares baratos, em pé. Foi lá que vi Eugène Bigot reger a *Nona Sinfonia*. Os primeiros compassos traziam à tona uma espécie de chamado, que no início era muito fraco e, depois, ia se fortalecendo, e foi quando senti de maneira inaudita que era o chamado que vinha de todo o meu ser. Aí, de repente, veio a resposta, de um poder formidável, como uma criação cósmica. Aquilo me pôs num estado de transe. Meu cabelo imediatamente se arrepiou na cabeça. Nunca tinha sentido uma emoção tão forte. Com o passar dos anos, sinto de novo aquela emoção extraordinária. Isso me dá de fato o sentimento do sublime. Também senti isso na leitura, com a mesma idade, na descoberta de *Crime e castigo* de Dostoiévski, que me fulminou. Fiquei muito feliz ao descobrir, durante a preparação de meu livro sobre estética, que um escritor japonês, numa cultura tão distante e diferente da minha, descreve sua descoberta de Dostoiévski em termos idênticos aos que eu poderia ter expressado.

Isso mostra a universalidade da arte. As obras-primas nos põem num estado extraordinário. Eu dava o exemplo do quinteto de Schubert, especialmente o segundo movimento, em que ele expressa todo o seu infortúnio de estar doente, incompreendido, solitário. Ele nos faz compartilhar essa dor por meio da felicidade da música. Essa é a complexidade da arte que consegue nos dar felicidade com infelicidade sem dissolver o sentimento trágico da infelicidade, como quando vamos ver uma tragédia de Sófocles. No fundo, essas grandes emoções nos permitem contemplar a condição e a tragédia humanas de um modo que não podemos contemplar em tempo comum. T. S. Eliot dizia que a espécie humana não pode suportar demasiada realidade. Fugimos das realidades mais horríveis. Mas, quando as obras maiores no-las mostram, precisamos olhá-las de frente e então somos capazes de assumi-las, porque elas nos chegam na beleza de uma obra-prima.

L. A. — Você é absorvido pela beleza e pelos tormentos do mundo. Diz coisas bastante secretas e misteriosas. Interroga-se sobre a própria condição de nossa existência. Lendo as páginas de *Conhecimento, ignorância, mistério*, ocorreu-me a seguinte pergunta: "Você existe mesmo?"

E. M. — De certa forma, sim. De outra, acho que somos sonâmbulos. A máquina de nosso corpo funciona sem que tenhamos consciência. Somos máquinas, mas não só. Esse lado mecânico, porém, me escapa. O mais extraordinário é que, mesmo sendo sonâmbulos, temos consciência desse corpo. No Oriente, como no Ocidente, sempre se perguntou em que consiste nossa realidade. De um lado, sinto que essa realidade é absoluta, em meus sofrimentos, minhas alegrias, meus amores. De outro, sinto que é ilusória, que estamos neste mundo físico, material, que, por sua vez, depende de um mundo microfísico dependente de outras regras. Somos afloramentos, momentos. No fundo, nunca teremos a resposta para a pergunta "O que é a realidade?". Só sabemos que existem vários níveis diferentes de realidade. Há um nível no qual, incontestavelmente, existo.

L. A. — Você entrelaça cada vez mais a análise filosófica à análise poética e literária. Para você, a ciência é uma longa luta contra o geocentrismo e o antropomorfismo. A Terra não está no centro do sistema solar, pois é o Sol que ocupa esse lugar. Estamos numa borda, na periferia. A galáxia não está no centro do universo, pois o universo não tem centro nem borda. Michel Cassé, o astrofísico, diz que você é o "campeão, o champanhe, o champolivon e o champignon do pluriverso, o Copérnico do animal". O que acha disso?

E. M. — Michel Cassé é um grande poeta e, ao mesmo tempo, um grande cientista. Há uma maioria de astrofísicos, como Hubert Reeves, que não podem deixar de ser animados por um sentimento poético diante do universo. Alguns só veem beleza, ordem, como uma espécie de maravilha de sabedoria. Pessoalmente, posso ver esses aspectos, mas também vejo desordem, caos, destruições, estrelas explodindo, tendência para a morte. Vejo que esse universo é ao mesmo tempo maravilhoso e trágico. Eu me comunico muito com Michel Cassé, pois ele está sempre nos remetendo ao seguinte mistério que me ocupa: precisamos de conhecimentos, porque eles nos iluminam e nos conduzem para as trevas, enquanto as ilumina, para um grande mistério, para o inexplicável. Michel Cassé diz que há universos que, sem cessar, se inflam como bolhas de champanhe. Esse fenômeno é absolutamente incompreensível e misterioso, mas, no fundo, o conhecimento deve ter boa vizinhança com o mistério, pois no mistério há sempre algo poético e perturbador.

L. A. — Você aborda o pós-humanismo. Tem receio desse reino em que os homens serão descartados em favor das máquinas? Receio desse momento de nossa humanidade em que os homens poderão ter acesso a uma tentativa, à obtenção da imortalidade?

E. M. — Por um lado, digo que a imortalidade é uma ilusão, um mito. Acredito, sinceramente, que poderemos prolongar a vida humana num estado de saúde excelente. No entanto, os vírus e as bactérias nem por isso serão reduzidos, pois eles se multiplicam, evoluem. Não podemos eliminar os acidentes, que continuarão a se propagar num mundo cada vez mais tecnológico. Não poderemos eliminar a morte do nosso Sol. Por isso, a humanidade talvez venha a ter uma nova relação com a morte, mas não a excluirá. Assim, a morte talvez venha a ser mais terrível. Haverá a angústia do acidente, do atentado, das brigas violentas... A imortalidade não existe, mas a extensão da vida, sim. Isso vai criar problemas de grande amplitude. O que me preocupa é que todos esses progressos se realizam de acordo com o sonho da racionalização e da algoritmização da existência. Isso se traduz, por exemplo, na evolução rumo à inteira determinação dos filhos por modificações genéticas. Poderemos ter filhos *à la carte*. Infelizmente, serão crianças padronizadas, porque a genialidade e a inventividade da humanidade sempre provêm do que é desviante, não normal.

Mas acho que, em qualquer caso, nunca poderemos padronizar totalmente o humano. O pós-humanismo é um esforço para racionalizar e controlar a vida, aumentando os poderes técnicos que levaram aos desastres ecológicos. Quando olhamos para o universo, ele não pode ser algoritmizado. Não sabemos como ele nasceu, e ninguém nunca poderá determinar esse nascimento algoritmicamente. A vida nasceu de maneira imprevisível no maior dos caos! Extraterrestres que tivessem chegado a este planeta alguns milhões de anos atrás teriam visto bípedes na savana, na floresta, manuseando ferramentas grosseiras. Jamais poderiam prever que de tudo aquilo nasceria Michelangelo, Beethoven ou Einstein. Ninguém poderia prever, com os meios mais maravilhosos da matemática, Buda, Jesus, Maomé. O pós-humanismo, portanto, é sonho. Em relação aos robôs, acho que máquinas inteligentes poderão, cada vez mais, desempenhar trabalhos penosos e enfadonhos.

L. A. — Eles não fazem apenas trabalhos penosos! Há também, por exemplo, mulheres robôs que, no Japão, fazem amor.

E. M. — Sim, mas duvido que os japoneses considerem esses robôs a melhor solução. Continuam sendo um quebra-galho. Aliás, um filósofo japonês dizia que não devemos ter medo de que os robôs nos dominem, porque somos nós que vamos tornar-nos robôs numa perspectiva transumanista. Há um erro profundo na expressão "homem aumentado", expressão quantitativa. "Sempre mais", dizia François de Closets. Acredita-se que o cálculo abrange tudo e conhece tudo, ao passo que conhece apenas uma superfície de nós mesmos. Estamos num universo em que a quantidade é considerada o dado mais importante, não a qualidade de vida. Não se trata apenas de aumentar a qualidade de vida, de aumentar nossos poderes, mas sobretudo de aumentar nossas qualidades de seres humanos. Precisamos nos tornar melhores, mais amenos, mais compreensivos, para chegarmos ao homem melhorado.

L. A. — Infelizmente, não estamos caminhando para uma civilização de amenidade no momento atual.

E. M. — Não só não estamos caminhando para isso, como, quanto mais progressos científicos e econômicos, maior o retrocesso moral, ético e psicológico. É o que estamos vivendo atualmente. Por isso precisamos nos preocupar com essa ideia de homem aumentado. O futuro não só está nessa possibilidade, como também nas potenciais catástrofes ecológicas, financeiras ou no resultado do fanatismo e da loucura humana que nos espreitam.

L. A. — Como você explica o fato de, nos últimos sessenta anos de nossa humanidade, os homens terem demonstrado tão pouco interesse e atenção a nossa mãe Natureza? Como explica esse atentado contra nós mesmos? As civilizações humanas são mortais, como dizia Paul Valéry?

E. M. — Evidentemente são mortais. No entanto, o que você diz é típico de nossa civilização ocidental. A missão assumida pela civilização ocidental é de ser senhora do universo, senhora do mundo, até Marx. Foi preciso começar a entender, na década de 1970, com o relatório Meadows, que a nossa Terra está se degradando de modo irresistível. Não será somente tomando consciência dos efeitos das energias sujas, dos resíduos, da poluição dos mares e das cidades, do impacto da agricultura industrial sobre a alimentação que vamos sair dessa crise. Precisamos tomar consciência de nossa relação com a natureza. Somente os poetas mantiveram essa relação até agora. Os índios dos Andes, por exemplo, tinham o culto de Pachamama, o culto da Terra-Mãe. Muitas civilizações tinham, com o mundo natural, essa relação quase umbilical que já perdemos. O problema é conseguir restaurar esse elo antes da catástrofe.

L. A. — Você recorre a uma política civilizacional. Observa os discursos políticos de maneira quase microscópica, não acredita muito neles.

E. M. — Você acredita no que se diz? Vou lhe dizer uma coisa que já disse várias vezes, ainda recentemente sobre a debandada socialista nas últimas eleições. O erro do Partido Socialista é que, depois de desabar, depois de perder sua essência anticapitalista, o socialismo não faz mais nada. Ele trata de economia, a reboque da economia, como todos os outros partidos. Ora, nós temos um problema civilizacional gigantesco, causado não só pelo capitalismo, mas acima de tudo pelo fato de que há uma conjunção entre o desenvolvimento da técnica, da indústria e da ciência que produz uma série de males civilizacionais, alguns dos quais, por exemplo, são arrolados no plano ecológico. Outros não estão arrolados, como a atomização dos indivíduos, a perda da solidariedade, a hiperburocratização. Digo que devemos fazer um projeto contra esses males civilizacionais. Há tarefas gigantescas. O que me entristece é ver que o candidato socialista nem sequer se interessa por isso. Que os outros não se interessem é algo que compreendo. Estou longe de ser cético, pois recentemente fiz uma entrevista sobre essa política civilizacional. Estou dizendo que é preciso fazer um grande projeto. Escrevi *Terra-Pátria** em 1993, no qual continuo, à minha maneira, a assumir uma profunda herança humanista, mas não o humanismo abstrato, do cidadão do mundo sem raízes etc. Tenho tristezas, melancolias, lutos, mas também momentos de alegria. Alguns leitores criticam, por exemplo, meu gosto por trocadilhos. Pois bem, gosto de trocadilhos. Assumo.

L. A. — Você é um homem da natureza. Quando o tempo está fechado, você não se sente bem, mas quando chega a primavera, você se sente mais alegre.

E. M. — Eu sou ecologicamente sensível, é bem verdade, cosmicamente sensível! Sou um microcosmo como cada um de nós. Tenho muitas curiosidades, não as atrofiei. Sou criticado por isso.

L. A. — Quem o critica?

E. M. — Muita gente, você sabe [risos]. Os especialistas me criticam por ser um faz-tudo, por me interessar por tudo. Como disse Nietzsche: "Perecerás por tuas virtudes." Isso é o que causa minha infelicida-

---

* Com Anne-Brigitte Kern, Seuil. Em port., *Terra-Pátria,* Sulina, 1995, trad. Paulo Neves. [N.T.]

de, mas, ao mesmo tempo, constitui minha natureza. Portanto, continuei a ter curiosidade por mil coisas, a amar. Esse desencantamento está aí, não como desencantamento, mas como angústia numa época em que não sabemos por qual bifurcação a história vai enveredar. Volto ao tema de Furet: há momentos em que a história hesita. Nós não sabemos que caminho ela tomará. Acredito que estejamos nesses anos. Esse ano é Sísifo, porque todas as nossas esperanças caíram por terra, e meu programa de vida também.

11

Pensar a unidade da ciência

L. A. — As ciências estão em constante progresso, trazendo benefícios para a humanidade – vemos isso em termos de saúde. O que podemos esperar?

E. M. — Eu diria que a ciência é uma aventura desconhecida, como qualquer aventura cujos resultados não sabemos quais serão daqui a dez anos. É evidente que ela contribuiu com conhecimentos prodigiosos, elucidações fantásticas. Também desenvolveu poderes aterrorizantes. Não se deve julgar a ciência, mas perceber que ela é ambivalente. É certo que há incertezas. Acho que, além disso, ela está em profunda metamorfose, em transformação, quanto a seus princípios, suas regras, seus métodos. Tudo o que parecia ser, digamos, evidências da ciência nos séculos passados, como o princípio geral do determinismo, a necessidade de separar os objetos de conhecimento, a hiperespecialização, de certa forma tudo isso hoje está sendo questionado.

Não só hoje: isso começou pela física, com a mecânica quântica no início do século. Hoje, o desafio é criar ciências plurais, que reúnam disciplinas, como as ciências da terra, como a ecologia. Pode-se até dizer que a cosmologia reúne a astronomia observacional com resultados de microfísica. Na minha opinião, a ciência sempre foi um canteiro de obras tumultuado, mas agora está em efervescência, em transformação. Acho a aventura muito interessante.

Mas há problemas profundos apresentados pela ciência atual. Em primeiro lugar, o problema da pólis, eu diria mesmo da política, dos cidadãos, pois a política só tem sentido se feita pelos cidadãos, e não apenas pelos governos. É verdade que a ciência é fragmentária, esotérica, ininteligível demais para que os cidadãos possam, evidentemente, entendê-la e conhecê-la. E, por fim, as decisões políticas importantes são cada vez mais reservadas para comissões estanques de especialistas que nem mesmo têm o benefício da clarividência porque só podem controlar seus próprios domínios. São incapazes de interligar as coisas. A necessidade de interligar os saberes é indispensável. Aliás, observo que, desde alguns pensadores, como Isabelle Stengers ou Jacques Monod, que divulgavam seus conhecimentos, vemos gente da ciência divulgando, não popularizando, mas apagando a face esotérica para expressar suas ideias, para que as pessoas de bem, os cidadãos, as pessoas cultas possam lê-los. Mas, evidentemente, esse é o primeiro passo, e o que se deveria fazer é algo mais profundo. Aliás, no CNRS, cuido de uma comissão, "Ciências e cidadão", justamente, cujo propósito é tentar abrir alguns caminhos nessa direção.

L. A. — O saber foi confiscado por especialistas, reclusos em laboratórios, que de tempos em tempos nos bombardeiam, em todos os sentidos do termo, com seus novos conhecimentos. Os cientistas vão nos possibilitar compreender melhor o mundo?

E. M. — Os cientistas fazem parte de uma espécie de aventura, de maquinaria. Acho que, em relação a compreender o mundo ou a compreender-se a si mesmo, a questão permanece aberta. O filósofo Edmund Husserl, na década de 1930, num texto chamado *A crise das ciências europeias e a fenomenologia transcendental,** disse que há um buraco negro escancarado no coração da ciência. A ciência não tem consciência do que faz. Avança para o melhor e para o pior também. Porque todos os males que hoje ameaçam a humanidade globalmente não teriam sido possíveis sem o desenvolvimento daquilo que se pode chamar de tecnociência, aliança entre ciência e técnica que ocorreu durante este século: a degradação da biosfera, o uso de armas atômicas e, agora, a eventual manipulação da genética. Isso não deve mascarar os benefícios consideráveis que a ciência pode proporcionar, ainda mais porque acredito que a ciência está se metamorfoseando no sentido da capacidade de maior compreensão e da capacidade de superação da compartimentação disciplinar.

Portanto, sou otimista desse ponto de vista, mas gostaria de apontar os limites do crescimento, a conscientização dos limites de crescimento, como entendido hoje, em termos de energia ou de desenvolvimento das gigantescas megacidades como há em todos os lugares do mundo, na China, no Japão ou no México. Os limites do crescimento agora estão sendo conscientizados pelos cidadãos, especialmente graças à ciência ecológica. É uma conquista muito importante que, hoje, tem sido objeto de debates políticos, como a conferência do Rio, que, no entanto, não estão definidos. Há, assim, um problema não só quantitativo, mas também qualitativo. Será possível tentar viver melhor consumindo menos? Há toda uma série de problemas políticos e sociais profundos que precisam ser infalivelmente formulados.

O interessante é que democracia é debate, é contradição, é oposição de ideias. A partir dessa oposição, o cidadão formará sua opinião, acertando ou não. Talvez os cidadãos errem, mas pelo menos terão se manifestado. Mas, hoje, cada vez mais a democracia caminha para a extinção das ideias e de suas controvérsias. Cabe-nos ter esperança e

---

* Em port., Centro de filosofia da Universidade de Lisboa, Lisboa, 2008, trad. Diogo Falcão Ferrer. [N.T.]

agir, justamente no sentido de democratizar o debate, inclusive sobre todos os grandes problemas científicos que estão ligados aos problemas políticos e sociais.

L. A. — Vemos consequências concretas da ciência no século XX: Hiroshima, manipulações genéticas, as potências mundiais que continuam a se atacar. Será que a ciência será fiadora da paz ou vai continuar a armar o pior numa evolução da humanidade que pode ser terrível, graças aos cientistas ou por causa deles?

E. M. — Esta é uma pergunta que não tem resposta, e não devemos dar nenhuma resposta. É uma grande conquista ter perdido a ilusão num progresso nos trilhos; estamos vendo que, se seguirmos os trilhos, o pior ainda está por vir. Adquirir essa ignorância do futuro é uma conquista mental, porque isso nos incita à vigilância. Precisamos tomar consciência de que hoje o problema planetário não é só a ciência. É a técnica, é a demografia, são os Estados nacionais, é o retorno da velha barbárie, com uma barbárie moderna que é anônima, gelada, o lucro desenfreado. Hoje, estamos lidando com tantas barbáries interligadas, que as forças da civilização ainda estão muito desfavorecidas, não estão interligadas, não tomam consciência desses problemas. Nosso problema hoje é tomar consciência dos problemas fundamentais. Não se pode dizer mais nada além disso. Perder um futuro ruim é perder um futuro portador de uma promessa ilusória. É uma conquista do pensamento. Muitas das grandes conquistas deste século foram descobertas dos limites: limites do crescimento, limites de razão, limites em todas as áreas. Isso não quer dizer que estamos encerrados na ignorância crassa, mas que, conscientes desses limites, podemos caminhar para um novo tipo de conhecimento, fazer parte do incognoscível e do mistério.

L. A. — Quando lhe ocorreu a ideia da necessidade de pensar a unidade do saber, o que você chamou de método?

E. M. — [...] Fui convidado para o Instituto Salk de Pesquisa Biológica, um instituto de pesquisas muito importante, do qual fazia parte Jacques Monod, que era meu amigo. O instituto queria alguém que não fosse biólogo, que fosse das ciências humanas e refletisse sobre essa disciplina. Foi lá que me ocorreu a ideia do método. Aquilo me possibilitou mergulhar nos problemas da biologia. Por outras conexões que eu tinha, descobria coisas que me eram desconhecidas, como a teoria dos sistemas e toda uma série de pensamentos, como os de Gregory Bateson, Heinz von Foerster. Meu projeto tomou o nome de *método*, mas o que fiz se parece cada vez menos com um método, no sentido cartesiano, que deve ser algo curto. Ao contrário, aqui, foi uma gestação longa. É uma busca de método, mas feita com requisitos que, durante o trabalho, possibilitem elaborar, tateando, os primeiros elementos de método.

É de um método que precisamos para conduzir bem nossa mente nas ciências, pois hoje estas são fragmentadas, atomizadas, esotéricas. Ninguém compreende sua linguagem, todos têm medo e não pensam no assunto. Qual então é o destino desse saber que já não é feito para ser compartilhado? Nos séculos XVII, XVIII e XIX, o saber era concebido para ser compartilhado com outros, claro que por meio de um esforço. Porque não existe conhecimento pré-digerido.

Agora nos pedem que nos conformemos a não saber, a não ter nenhum conhecimento além daquele particular numa área específica. As pessoas, portanto, são condenadas a ter ideias gerais e absolutamente vazias. De fato, é impossível dominar essas ideias gerais. Não se pode assimilar uma enciclopédia em quinze volumes. No entanto, há núcleos de pensamento, problemas centrais, sobre os quais é possível refletir. O que tento fazer é ver como uma mente medianamente dotada como a minha pode refletir, correndo o risco de errar.

Eu diria que hoje estamos carentes de um método que nos ajude a pensar por nós mesmos. Precisamos mais do que de uma ideologia, de uma filosofia encontrada no mercado. Portanto, precisamos de um método, mas não de um que seja exterior, que pense por nós, porque então ele simplificaria a realidade. Ao contrário, é preciso um método que nos ajude a pensar todas as dimensões sem termos de excluir uma para compreender a outra. Algumas ideologias ou filosofias esquecem, por exemplo, que somos indivíduos. Em microfísica, desde as origens há o mesmo paradoxo no método utilizado diante de partículas que ora se comportam como onda, como algo contínuo, ora como corpúsculo, descontínuo. Em biologia, por exemplo, ou se vê continuidade, ou seja, o homem, em gerações, espécies, reprodução, ou se vê descontinuidade, ou seja, os indivíduos. Meu objetivo é pensar ambos ao mesmo tempo.

L. A. — O que você quer fazer é popularização? Ciência, ciências, todas as ciências para os não entendidos?

E. M. — O que eu faço não é um manual, nem uma planilha, porque seria muito fácil: bastaria aplicá-lo. Não estou tentando fazer algo que possa ser aplicado, mas, ao contrário, que ajude a enxergar. Se eu tomar exemplos de métodos bem conhecidos, como o método de Marx, trata-se sobretudo de atenção às coisas que não tinham sido observadas antes. Marx ressalta que uma sociedade aparentemente harmoniosa está de fato dividida em classes, que são antagônicas. Alguém que tivesse esse método marxista, indo para uma sociedade, formularia as seguintes perguntas: Onde estão as classes? Quais são os conflitos? Quais são os problemas? Quais são as relações de produção? Mas o método que tento elaborar consistiria mais em perguntar o que fazer para não perder as outras dimensões em benefício de uma única, seja ela abstrata, formal ou quantitativa. A pergunta, para mim, é a seguinte: os dados obtidos pelas ciências biológicas, atualmente em plena expansão, são cada vez mais numerosos. A partir desses dados é elaborada toda uma série de teorias científicas. Como refletir sobre esses dados e essas teorias? Haverá um modo de pensá-las no plano da organização viva de maneira mais rica, levando em conta a sua complexidade? Essa é a aposta que faço. Eu dou um pulo no escuro sob o escárnio dos outros.

L. A. — Que escárnio?

E. M. — Daqueles que acham que sou louco, que dizem que não sou competente, que não entendem por que trato desses problemas biológicos.

L. A. — Escárnios dos cientistas ou de seus amigos?

E. M. — Dos dois, tanto entre os que me conhecem quanto nos meios científicos. Felizmente, isso não é homogêneo. Felizmente, tenho defensores, uma minoria de apoiadores em alguns meios científicos.

L. A. — Seu trabalho, que compreende mais de uma centena de obras, é tão abundante que foi preciso dividi-lo em várias temáticas. Há *O método*, o pensamento complexo, a trindade humana, a tetralogia pedagógica, a *Era planetária*, o tempo presente, *A voz*, o pensamento político, jornais, colóquios, o site – pois há um Centro Edgar Morin. Minha pergunta será muito simples: o que quer dizer pensar?

E. M. — Pensar significa tentar pegar o que se sabe e considerá-lo de um modo novo, ou seja, não tomar como ponto pacífico aquilo sobre o que já se acredita ter conhecimento correto. Pensar também não significa apenas o fato de sabermos que estamos num mundo sobre o qual temos elementos de conhecimento, mas o fato de refletirmos sobre nosso destino e nossa destinação. Agora sabemos que estamos num pequeno planeta de uma galáxia que, por sua vez, é periférica num universo que não tem centro, absolutamente gigantesco, que talvez haja outros universos, que tudo isso tem uma história de mais de 14 bilhões de anos. Portanto, é preciso tentar pensar nossa situação no mundo, na sociedade em que vivemos e na história de que somos oriundos. A diferença entre conhecimento e pensamento é que o conhecimento consiste em articular certo número de dados e informações num todo coerente, que diz respeito ao objeto visado. O pensamento é algo mais profundo. Ele utiliza e reorganiza os conhecimentos para tentar ver no mais profundo de si mesmo.

No fundo, o pensamento de todos os pensamentos é aquele que consiste em pensar-se a si mesmo, em pensar o que fazemos, em tomar consciência de que somos sujeitos particulares e pessoais, de que estamos em constante risco de errar, de ter ilusões, de ter um conhecimento apenas parcial ou incompleto. Dado que todo conhecimento é uma tradução da realidade, uma reconstrução, a começar pela percepção visual, havendo tradução e construção, há risco de errar. Os italianos usam bem a mesma raiz para *traduttore* e *traditore*. Mesmo na visão, podemos, portanto, errar. Podemos errar na teoria, na concepção religiosa. Somos seres condenados a vagar através das armadilhas da ilusão e do conhecimento incompleto. Pensar é pensar nossa condição humana, que somos falíveis, para evitar todas as armadilhas. É a atividade intelectual mais importante, porque requer trabalho incessante. A vaca rumina de um estômago ao outro, e o pensamento rumina uma ideia não de um estômago a outro, mas tentando revolvê-la em todos os seus estados, considerá-la, interrogá-la, refletir. O pensamento é sempre algo interrogador. Mas, como a interrogação formula problemas, é preciso todo um trabalho para tentar responder a essa interrogação, que consiste em utilizar o conhecimento para o pensamento.

L. A. — Acho que você é um pouco como Gaston Bachelard, muito importante para você, que assistiu às aulas dele e dizia que ele sabia fazer de tudo, especialmente cozinhar. Ele contava que ninguém conseguia lhe impingir um pedaço do primeiro corte, quando ia ao açougue, que sempre sabia escolher os melhores produtos. Eu acrescento, aliás, que você, como ele, é um excelente cozinheiro.

E. M. — Era extraordinário ver o homem Bachelard, a cujas aulas assisti durante a Ocupação. Ele tinha uma barba ainda mais basta que a de Karl Marx. Falava com muito entusiasmo, muitos gestos, com calor. Fascinava, era muito carismático. Era melhor que um grande ator. Tudo o que dizia tinha um sentido muito bonito e profundo. Eu tinha lido vários textos dele, todos de uma qualidade poética maravilhosa. Só mais tarde descobri suas reflexões sobre a ciência e compreendi que era ele que tinha descoberto a importância da complexidade, pois havia escrito que "nada é simples, o que há é só o simplificado". Havia nele uma perspicácia genial. Acredito que ele e Karl Popper são os dois grandes filósofos das ciências. São não apenas precursores, mas também autores com pensamentos muito atuais. Bachelard era um homem maravilhoso porque despertava não só admiração, mas verdadeira ternura.

L. A. — Você também sabe como despertar grande ternura. Em alguns de seus livros, especialmente quando fala de seu pai, você não hesita, como intelectual, em nos expor essa parcela de intimidade, pois acha que isso faz parte das bases da compreensão da função do intelectual.

E. M. — Há um pouco disso, mas, no que se refere a meu pai, eu quis prestar-lhe uma homenagem em *Vidal e os seus*. Não quis escrever um texto reverencioso, mas mostrar também suas facetas risíveis, pueris. Quis resgatá-lo tal qual era. Era um homem que, nos últimos anos de vida, foi incompreendido pela esposa, que o maltratava, pelos filhos da esposa, que era minha tia. Eu quis dar-lhe alguma coisa, para lhe oferecer um túmulo. Além disso, falar do meu pai é falar de mim. Encontrei essa maneira de falar de mim tentando me objetificar, dizendo "o filho". Não quis dizer "eu". O verdadeiro "eu" do livro é meu pai. Claro, há pedaços de minha vida que são contados, assim como em outros livros. Nunca fiz uma autobiografia contínua, mas expus trechos de minha vida. Por quê? Porque, afinal, minha vida é inseparável de minha obra. Se eu tomar, por exemplo, o primeiro grande acontecimento de minha vida, a morte de minha mãe, se ele não tivesse ocorrido, eu nunca teria me interrogado sobre o absurdo da vida, não teria procurado tanto a verdade, não teria sentido tal necessidade de amor que me fez viver tantas infelicidades e também o florescimento do amor. Falamos anteriormente da Resistência. Foi uma experiência decisiva para mim, pois foi nela que me formei. Eu diria até que a experiência no Partido Comunista foi como viver uma experiência religiosa, sem saber que era religiosa. Achava que era racional. Quando escrevi *Autocritique* consegui me libertar de muitas atitudes.

O que me distingue de muitos ex-comunistas, que dizem ter sido enganados, é que eu digo que eu mesmo me enganei. Não acuso os outros, mas considero que fui eu mesmo, por iniciativa própria, que me converti ao comunismo. Era interessante compreender como eu, que de início era completamente antistalinista, me converti a essa religião terrena, mas também, com que dificuldade me desconverti como resultado de numerosos acontecimentos. Era muito difícil deixar algo que formava uma família. Havia uma espécie de fraternidade espontânea. Em 1948, eu não fui pegar meu cartão do Partido. No entanto, não ousei dizer isso. As pessoas que estavam na minha célula de trabalho no Centro de Estudos Sociológicos, achavam que eu estava militando em meu domicílio, e os comunistas de meu domicílio achavam que eu militava na minha célula de trabalho. Durante três anos, portanto, não retomei meu cartão, sem ousar falar no assunto. Por isso, quando decidiram me excluir, em vez de dizer que não valia a pena me excluir, visto que eu já estava fora do Partido, pedi ao birô que repensasse sua decisão. Aquele acontecimento de exclusão para mim foi um choque. Chorei à noite, mas pela manhã estava liberto. Acho que a experiência do interior desse mundo não pode ser compreendida por quem está fora dele. Portanto, tentei transmiti-la.

12

O cidadão do mundo

L. A. — Você escreve em um de seus livros: "Filho de imigrante, foi na escola e por meio da história da França que se efetivou em mim um processo de identificação mental. Identifiquei-me com a persona França, sofri com seus sofrimentos históricos, rejubilei-me com suas vitórias, adorei seus heróis, assimilei aquela substância que me permitia estar nela, para ela, porque ela integrava em si mesma não só o que é diverso e estrangeiro, mas também o que é universal." Agora você reivindica para si a situação de cidadão do mundo. Ainda se sente cidadão francês do mesmo modo? Sente-se com duplo pertencimento, tanto à cidadania do mundo quanto à identidade francesa?

E. M. — Sem dúvida. Eu diria até que é um pluripertencimento. O substantivo que uso para me definir é "ser humano", e sinto ao mesmo tempo pluripertencimento e cidadania do mundo.

L. A. — O que é um ser humano?

E. M. — Um ser humano é um ser que tem certo número de características psicológicas que lhe permitem entender os outros, agregar-se. Portanto, faço parte dessa espécie humana com características bem definidas, que tem em si essa capacidade afetiva extraordinária que se manifesta no sorriso, nas lágrimas, na risada, no amor e na ternura. É claro que o amor e a ternura já estão em germe no animal, mas é na espécie humana que eles desabrocham. Portanto, sou um ser humano. Por outro lado, tenho consciência de que hoje a humanidade, em seu conjunto, vive numa comunhão de destinos, está diante dos mesmos perigos vitais e mortais. Em meu livro *Terra-Pátria*, procurei pensar essa comunhão de destinos.

Isso não significa, no entanto, que pertencer a esta Terra pátria anula minha pátria e minhas pátrias. Sou francês e, aliás, me dei conta disso quando estava no hospital em Nova York e dizia ao médico o tempo todo que queria voltar para casa. Também sou profundamente mediterrâneo, pois todos os meus ascendentes vêm da Itália, da Espanha, de Tessalônica. Portanto, milito pelo Mediterrâneo. Por outro lado, sou judeu, portanto faço parte do povo maldito, não do povo eleito. Também sou europeu, porque fui nutrido na cultura de Tolstói, Shakespeare, Goethe, Kant.

No entanto, apesar do meu sentimento de ser europeu e cidadão do mundo, acho que, quanto mais a globalização se desenvolve, mais precisa ser fortalecido o território, o local, o nacional. Não oponho a Nação à Europa. Acho que a Europa burocrática de Bruxelas quis homogeneizar demais as coisas, ao passo que é preciso reconhecer a diversidade dos países. Sou europeu, francês, e, para mim, esse caráter concêntrico das identidades é origem da riqueza de cada um. Não me sinto limitado, mesmo sentindo que tenho raízes. Minhas raízes mais antigas, porém, são as do *Homo sapiens*. Portanto, estou num momento dessa aventura humana em que minha aventura individual é inseparável da aventura do universo.

L. A. — Essa experiência de multi-identidade acaso não se alimenta de suas várias experiências políticas e militares? Por exemplo, após a guerra você participou das forças de libertação que foram para Berlim. Contou essa odisseia, essa viagem num livro intitulado *Mes Berlin*.* Aquele momento foi determinante para a concepção de sua crença na Europa? Você se viu naquela Berlim destruída e entendeu que havia de fato um povo alemão, assim como um povo francês, mas que era preciso construir alguma coisa entre esses dois povos.

E. M. — Na realidade, a germinação dessa ideia não aconteceu tão depressa. No entanto, vivi uma situação original durante a Resistência, pois não só ajudava antifascistas alemães e austríacos, como também tinha por adjunto um marinheiro alemão de Hamburgo que havia feito a Guerra Civil Espanhola. Todos os panfletos que eu fazia, portanto, não eram antialemães, mas antinazistas. Sempre tive a obsessão de não incidir na denúncia de um povo. Em seguida escrevi um artigo intitulado "Nossa Colaboração", que foi publicado numa das primeiras revistas alemãs, a *Weltbuhne*. Explicava que queríamos colaborar, mas pela democracia. Esse texto está em meu livro *Mes Berlin*.

A experiência de Berlim era fascinante, pois eu descobria uma cidade inteiramente em ruínas, um centro onde eu estava sozinho, porque ninguém fazia turismo. Estava sozinho ao visitar a chancelaria de Hitler, lá até encontrei papéis assinados por Hitler, que pus no bolso. Portanto, via aquela cidade completamente destruída. Voltando a Berlim, ano após ano, vi uma cidade que começava a ser cortada em duas, tornar-se duas cidades, duas cidades de duas culturas opostas que se justapunham, depois vi como, com a destruição do muro, a cidade se metamorfoseou de novo. Nunca na história se viu a mesma cidade se transformar assim, um mesmo povo ser separado e depois reunido.

---

* Cherche Midi, 2013. Lit., Minhas Berlins. [N.T.]

Minha consciência europeia, porém, nasceu em 1973, no momento em que as monarquias árabes começaram um embargo ao petróleo que chegava aos países ocidentais. Descobri então – eu, que não era europeu, mas universalista e anticolonialista – que a Europa, que dominara o mundo, não era mais que uma velha coisa infeliz, dependente de uma transfusão de petróleo. Compreendi então que tudo o que eu detestava na Europa era o colonialismo, que tinha acabado, pois a França, a Inglaterra e a Alemanha já não eram potências coloniais. Por isso, percebi que a Europa já não era aquela potência orgulhosa que havia dominado o mundo, mas um conjunto que produzira uma cultura riquíssima, usada pelos povos dominados, que assumiram os princípios dos direitos do homem e dos povos, o humanismo maravilhoso de Montaigne ou de Montesquieu, que os franceses até então haviam reservado para si.

A Europa, portanto, certamente produziu muita coisa negativa, como mostrei em 2019 em *Cultura e barbárie europeias*,* mas também muita coisa positiva, com os direitos das mulheres e das crianças. Tornei-me europeu ao compreender que é preciso superar as fronteiras das nações, unir-se no mundo, sem negar as pátrias, porém. Para mim, era um compromisso necessário para acabar com as guerras suicidas como a Segunda Guerra Mundial e propor um novo modelo, neste mundo que tende à balcanização. Eu era a favor, por exemplo, de uma união magrebina, mas infelizmente os países envolvidos não conseguem realizá-la. No entanto, na América Latina, vejo alguns esforços para essa união. Acho que hoje precisamos rumar para uniões continentais como essas. Tornei-me um europeu fervoroso, primeiro escrevi *Pensar a Europa*** e depois, mais perto de nós, *Notre Europe. Décomposition ou métamorphose?*,*** e continuo acreditando que é possível uma cidadania europeia.

---

* Bertrand Brasil, Rio de Janeiro, 2009, trad. Daniela Cerdeira. [N.T.]

** Publicações Europa-América, Lisboa, 1988. [N.T.]

*** Fayard, 2014. Lit., Nossa Europa. Decomposição ou metamorfose? [N.T.]

L. A. — Você acha que vamos viver revoltas populares que serão extintas por poderes estatais ou mesmo militares?

E. M. — O que explica o fracasso da Primavera Árabe é que, derrubado o ditador, os povos se dividiram, pois não havia um pensamento diretor. O que tento mostrar, tanto em meu livro *A via,* quanto no livro que escrevi com Stéphane Hessel, *O caminho da esperança,** é a possibilidade de um novo caminho. Mas continuo muito isolado nesse pensamento, que parece encontrar ressonância apenas em alguns países da América Latina. Impressionou-me ver que uma pequena república como o Equador tentou criar um estilo democrático novo, com profundo humanismo. Se, na atualidade, ocorressem explosões na França, seria preciso que se encaminhassem para um bom rumo, libertador, porque há também explosões negativas. De qualquer maneira, por enquanto, sempre faltará a esses movimentos um pensamento diretor. Foi o que aconteceu, por exemplo, com o movimento dos Indignados na Espanha, nos Estados Unidos, que partiam de ideias magníficas. No entanto, os movimentos se decompuseram porque não havia verdadeiro pensamento. Para mim, o problema essencial é apresentar um pensamento, uma perspectiva, um caminho, pois estamos desarmados diante do futuro. Considero que entramos numa época de retrocesso generalizado, de cretinização.

L. A. — O que você entende por cretinização?

E. M. — Corresponde a uma maneira de pensar totalmente inadequada. Vivi, na adolescência, entre 1930 e 1940, a escalada para a guerra, vendo as pessoas agir como sonâmbulos. Quando houve Munique, as pessoas acreditaram que era a paz, sem saberem que era uma nova etapa rumo

---

* Bertrand Brasil, Rio de Janeiro, 2012, trad. Edgard de Assis Carvalho e Mariza Perassi Bosco. [N.T.]

à guerra. Hoje vejo a emergência de um novo sonambulismo, não nas mesmas circunstâncias, e às vezes até com um elemento mais grave, porque na época, na década de 1930, o Partido Radical-Socialista era forte e importante como o Partido Socialista, possibilitando as frentes populares. Infelizmente, a Frente Popular espanhola não sobreviveu, pois deixamos Hitler e Mussolini vencer a guerra na Espanha com Franco. No entanto, mesmo tendo malogrado, aquela frente popular resistiu. Hoje, se sobreviessem acontecimentos semelhantes, quem resistiria? Quais são as forças que resistiriam? Não as vejo. Por isso, estou extremamente preocupado, mas não sou fatalista. Acho que o imprevisto acontece. Uma das minhas máximas é "Espere o inesperado". Numa entrevista anterior, eu lhe disse que em 1941 era absolutamente certo que a Alemanha dominaria a Europa. Só foram necessárias duas vitórias, uma vitória russa e a entrada dos Estados Unidos na guerra, para que tudo mudasse. Portanto, continuo a pregar o inesperado no deserto, ou seja, procuro espalhar minha mensagem por todos os lugares, como as sementes de uma árvore, esperando que, quando o solo estiver fértil, as sementes brotem. Assim, noto que minhas ideias se implantam muito melhor na América Latina.

L. A. — Aliás, você é celebrado lá! Mais do que na França...

E. M. — Isso me deixa feliz, mas para mim, o que importa é que a mensagem seja integrada na cultura e que eu possa ver que existem forças vivas. Na França, tenho a impressão de estar diante de um imobilismo, de uma esclerose total, ao passo que lá assistimos a movimentos da sociedade civil, mesmo em países onde a ditadura medra, como no Brasil, com Bolsonaro. O movimento dos camponeses sem terra continua sendo vigoroso. Quando fui ao Equador, fiquei muito satisfeito ao constatar o movimento de apoio ao presidente Rafael Correa, inventor de um tipo de democracia que reinou durante dez anos e infelizmente foi vencido pelo conservador Lasso em 2021. Assim, eles não recebem apenas educação, mas lhes é dada a oportunidade de expressar-se artisticamente por meio da música e da pintura. No entanto, há sempre fatos trágicos, como aqueles proprietários de terras que continuam a matar gente e a atração da ditadura, que atualmente está ganhando terreno, mas outros imprimem impulso e vida. O humanismo europeu encontrou terreno fértil nesses países. Na Bolívia, por exemplo, vemos pela primeira vez o povo indígena chegar ao poder político. Vejo, portanto, um mundo que dá esperança. Acredito que algo também pode despertar entre nós. Na França, por exemplo, há movimentos muito positivos, como o Comitê Roosevelt, que propõe uma recuperação econômica apoiada na ecologia, para não mudar apenas as energias, mas também fazer a agricultura industrializada retroceder.

L. A. — A importância da ecologia está suficientemente presente em nossa compreensão do que quer dizer ser cidadão?

E. M. — Os partidos, por um lado, ainda não entendem a magnitude do problema e se fixam em elementos setoriais. Por outro lado, não entendem que a ecologia se alimenta de pensamentos, por exemplo o de Serge Moscovici. Não se trata apenas de mudar nossa atitude em relação à natureza, mas em relação ao nosso próprio comportamento; foi o que Nicolas Hulot compreendeu. Entre as forças de renovação, há, portanto, grandes personalidades como Pierre Rabhi, mais do que partidos. Há também movimentos como o dos convivialistas, que mostra que nossa sociedade sofre de anonimato, do não reconhecimento do outro, e luta para restabelecê-lo. Também temos o movimento da economia circular, com a recuperação dos resíduos, com a ideia de que devemos parar de produzir geladeiras e carros que precisem ser trocados em dez anos. Vemos, então, que há todo um conjunto de movimentos, que infelizmente não são coordenados. Com Patrick Viveret e Claude Alphandery, tento interligá-los, mas há resistências de egos.

Assim, temos forças vivas na França, mas na sociedade civil. Os partidos políticos e os governos as ignoram, assim como a burocracia. Precisamos nos perguntar qual movimento será mais rápido: o que nos leva à degradação e à catástrofe, ou o que nos leva à regeneração e à nova vida. Por enquanto, é o primeiro que parece predominar, mas na história há sempre guinadas. Então continuo a esperar, embora esperança não seja sinônimo de certeza. Ela inclui a noção de risco e de sorte. Continuo acreditando nos recursos da humanidade. Há pouco, falei sobre humanismo e disse que fazia parte da espécie humana, mas isso significa que também faço parte, de forma mais geral, da aventura humana, aventura que começou na pré-história, nas pequenas sociedades de caçadores-coletores, depois, em grandes civilizações agora mortas e ganhou velocidade na modernidade. Portanto, é uma aventura incrível, desconhecida, que não podemos saber aonde nos levará, mas da qual faço parte. Por isso, gostaria que sempre buscássemos ir em direção ao melhor, sabendo que nunca teremos uma sociedade perfeita e harmoniosa. Também tenho por máxima que "a renúncia ao melhor dos mundos não é renúncia a um mundo melhor."

13

*A ameaça do terrorismo**

L. A. — Estamos numa nova guerra após a tragédia dos atentados de 13 de novembro?

E. M. — Antes de responder, gostaria de dizer que meu sentimento foi de horror, medo e loucura, mas também de alívio, pois minha neta tinha saído de um dos cafés atacados meia hora antes, e tenho um neto que vai com frequência ao Bataclan. Portanto, sou uma das centenas de milhares de parisienses que experimentaram não só a emoção ligada ao ataque que atingiu seus compatriotas, mas também a emoção ligada ao fato de que esse ataque passou perto deles e poderia ter atingido entes queridos seus.

L. A. — Onde você estava e onde soube do fato?

E. M. — Tinha resolvido me deitar cedo, porque ia viajar para um congresso de professores na Itália. Comecei a me levantar às três horas e a

---

* Entrevista realizada em 15 de novembro de 2015. [Nota de L.A.]

ver as notícias, primeiro as do Stade de France. Depois telefonei para meus familiares, como tantos outros parisienses.

Na verdade, partimos de uma situação deteriorada no Oriente Médio, na Síria, mas também na França. O que quero dizer com "deteriorada"? É exatamente o mesmo qualificativo que me veio à mente ao falar da guerra da Argélia. Ultrapassado o estágio em que as negociações ainda eram possíveis sem danos excessivos, a guerra se radicalizou. O que aconteceu? A França se expôs ao risco de uma ditadura militar da qual fomos salvos por sorte pelo gênio político de de Gaulle. A Argélia, em compensação, não evitou essa ditadura, que persiste. É exatamente a mesma coisa quanto ao conflito Israel-Palestina: ultrapassamos o estágio em que é possível encontrar uma solução honrosa para os dois lados. Isso não quer dizer que não haja solução, mas que é cada vez mais difícil encontrar uma.

Ora, na Síria, desenharam-se rapidamente dois tipos de intervenção, assim que começaram as repressões de Bashar al-Assad: uma intervenção contra o uso de armas químicas, contra o ditador, proposta pelo presidente François Hollande, e uma intervenção que incitava a unir-se às forças das potências, para impor um cessar-fogo e evitar a degradação. Essa degradação, no entanto, é incrível. Não se trata apenas de rebeldes democráticos, religiosos, mas de rebeldes estrangeiros, como se pode ver da intervenção por meio de ataques interpostos do Hezbollah, do Irã, da França. Observa-se, assim, a exacerbação do conflito, que estava latente, entre xiitas e sunitas. Os turcos também intervêm, muito mais contra os curdos do que contra o Estado Islâmico. Foi nessas condições que as armas americanas dadas aos iraquianos acabaram nas mãos do E.I. Assim, chegamos a uma situação em que surge a força fanática e bárbara mais feroz de nosso tempo. É preciso fazer de tudo para que cessem os massacres. Como, agora, há muitas grandes potências implicadas, entre a Rússia ou os Estados Unidos, essas potências precisam compreender que é do interesse comum parar com essas carnificinas, para isolar a força mais bárbara. A Rússia não é certamente um regime maravilhoso, mas, já que flertamos com o ditador chinês, podemos também chegar a um acordo com o ditador da Rússia.

L. A. — Então você é um daqueles que dizem que é preciso falar com Bashar al-Assad e com Putin?

E. M. — Não é uma questão de falar. A derrubada de Bashar al-Assad não é o pré-requisito para sair dessa situação. Em primeiro lugar, deve haver um cessar-fogo. Não quero acordo. Eu sou a favor de que as potências se entendam e que o governo de Bashar al-Assad pare. Mas o verdadeiro pré-requisito de tudo isso é o fim dessa conflagração, desse massacre, dessa fonte de loucura, que agora também está na França. Para ganhar a guerra contra o E.I., é preciso ganhar a paz na Síria. É preciso ganhar a guerra contra os aprendizes do E.I. na França e a paz em nossos subúrbios. É verdade que se trata de um movimento de uma minoria ultrarradical, mas devo dizer que sempre me interessei por fanáticos que se tornam terroristas, para quem os outros não passam de gado. Interessei-me muito pela mentalidade de gente do grupo Baader-Meinhof e das Brigadas Vermelhas. Descobri que eram universos de alucinados.

L. A. — Mas é realmente a mesma coisa?

E. M. — Não, mas, apesar disso, há uma característica comum, pois todos os fanáticos estão convencidos de que estão na pureza, na verdade, na redenção. Sem dúvida, esses terrorismos são bem diferentes, porque, por exemplo, no caso das Brigadas Vermelhas ou do Baader--Meinhof, a fé religiosa estava na terra, numa ideologia que quase tinha assumido forma de fé. No caso do terrorismo do E.I., é outro tipo de fé, que surge do islamismo, mas só representa uma minoria.

Infelizmente, na França, deixamos que a situação dos subúrbios se deteriorasse. Percebemos que, apesar dos acontecimentos de Clichy-

-sous-Bois, a conflagração dos subúrbios de 2005, nada foi feito. Na verdade, o que precisa ser feito é muito difícil, pois se trata, fundamentalmente, de um problema de educação. Precisamos reformar nosso ensino, ensinar às crianças a complexidade, o que são as religiões, dar-lhes pistas para evitarem incidir no erro e na ilusão, incentivá-las a compreender os outros.

Há uma reforma profunda que ainda não começamos. Há muito por ser feito e será demorado, difícil. No entanto, não se trata apenas de uma questão de educação. É necessário que as relações entre os oriundos das minorias árabe-muçulmanas e os outros franceses não se degradem com a ocorrência de rejeição dos dois lados. Nesse ponto, porém, estamos em péssima situação, pois constatamos por toda parte o progresso das ideias retrógradas arabofóbicas e islamofóbicas. Vemos a decadência total dos ideais universalistas, antes dominantes, no panorama da esquerda, que, por sua vez, está se dissolvendo. É preciso tomar consciência de que estamos numa situação muito difícil.

Acrescento que, mesmo decidindo tomar medidas internas contra esses guerreiros clandestinos, a coisa não será simples. O exemplo da Inglaterra que, durante dez anos, não conseguiu reprimir esses clandestinos, mostra bem isso. Na realidade, quanto mais se reprime, maior é o número de combatentes que aspira ao martírio. É o caso, por exemplo, do País Basco ou da ocupação nazista, cujos fuzilamentos de reféns só despertaram uma resistência mais forte contra ela. Dizer que vamos ganhar a guerra contra o E.I. na França não é verdade. Podemos tomar medidas que reprimam e detenham os clandestinos, mas é preciso uma ação em profundidade tanto junto aos jovens quanto junto ao nosso povo. É algo de que se deve tomar consciência. Estamos entrando num período longo. Esses acontecimentos significam que o E.I. também está aqui, que essa organização é capaz de travar sua guerra com seus métodos, de sincronizar seus ataques. Devemos, portanto, aumentar a vigilância permanente e ter um pensamento político para tratar essas questões.

Volto à questão do Oriente Médio. Sabemos que as forças fanáticas têm origem num islã minoritário. As principais vítimas são árabe-muçulmanas. Portanto, é necessária uma ação de disjunção total entre essas duas categorias de religiosos. Também sabemos que foram as imbecilidades e os erros da política americana que criaram no Iraque a decomposição de um Estado e também deixaram a Síria nesse estado de decomposição regional.

O que nos falta, portanto, é a noção de nossos objetivos. Estes não são apenas negativos, não visam apenas à erradicação do E.I. no Oriente Médio. Há também objetivos positivos: devemos nos perguntar que paz queremos para o Oriente Médio. Acredito que o Iraque e a Síria eram Estados que, com o tempo, se tornariam viáveis, como a França, que originalmente era composta por populações extremamente diversificadas e, com o tempo, unificaram-se. Agora, no entanto, tal unificação já não é possível nestes países do Oriente Médio. Portanto, na minha opinião, é preciso propor uma confederação de todos os países muçulmanos, revivendo o sonho de Lawrence da Arábia. Porque, antes que os ingleses e os franceses impusessem fronteiras a esses países, reinava neles liberdade de culto e religião; cabe lembrar que, no Oriente Médio, todos os povos são semitas. Uma grande confederação semítica livre, portanto, é a única possibilidade de salvação daquela região. Mas é um trabalho de longo fôlego, pois os turcos vão se opor à inclusão dos curdos nessa associação. Infelizmente, as grandes potências não são suficientemente ativas. Obama representa uma esperança, mas está tão enfraquecido e em fim de mandato que já não pode agir realmente.

L. A. — Seria possível dizer que, ao contrário, por estar em fim de mandato, ele poderia se permitir qualquer coisa, em especial ser o artífice dessa paz futuro, à qual todos aspiramos.

E. M. — De fato. É verdade que ele aciona John Kerry para chegar a um acordo na Síria, mas isso é muito lento. No entanto, ele desistiu de tudo em relação ao problema entre Israel e Palestina. Voltou-se para outras questões. Penso que é preciso uma conscientização nas grandes nações e lamento que a França não tenha liderado esse movimento para, justamente, conciliar os povos e torná-los conscientes de seus interesses comuns. Num mundo de bárbaros, o E.I. é a organização mais bárbara de todas. Nós somos menos, mas nem por isso somos santos. Os americanos, nas guerras do Iraque e do Afeganistão, mataram mais civis que militares. Eram guerras medonhas. Criamos inimigos o tempo todo, não bombardeando o E.I., mas as populações locais. Portanto, é necessário começar a agir no Oriente Médio pelas potências aliadas e na França, mas a ação será mais lenta. Se conseguirmos a paz na Síria, secaremos a fonte do romantismo fanático, porque se trata de fato de romantismo: esses jovens acreditam que estão encontrando uma forma de redenção no combate. Se deixar de haver combates, os voluntários diminuirão. Foi, por exemplo, o que ocorreu com a Guerra Civil Espanhola. Acho que precisamos viver a emoção atual que nos domina, mas também devemos refletir sobre o que vem aí. Com todo o respeito pelo presidente da República, acho que é erro lançar-se na maximização dos combates.

L. A. — De fato, o presidente François Hollande respondeu aumentando os bombardeios na Síria.

E. M. — O erro é maior ainda porque os bombardeios da França são irrisórios. Somos combatentes minúsculos. Os bombardeios da França representam 3% dos ataques. No entanto, somos um dos países mais afetados pelo terrorismo.

Somos o país mais ameaçado, porque fazemos parte dos países que mais denunciaram, radicalmente, esse terrorismo. Temos de aceitar, continuar a combater o E.I. Mas essa luta é vã, pois não adquirimos os meios suficientes, não enviamos tropas de solo, e, aliás, eu me pergunto se, na atual conjuntura, o envio de tropas terrestres não seria mais negativo que positivo, porque as expedições ocidentais muitas vezes são percebidas pelos outros países como neocolonialistas. Portanto, é necessário liderar uma grande coalizão contra o E.I. que reúna todos os afetados por esse conflito, sejam quais forem seus vícios. Os menos bárbaros precisam se aliar contra a barbárie maior.

L. A. — De onde vem essa barbárie? Como erradicá-la? Você tem a impressão de que entramos numa nova era?

E. M. — Estamos nos conscientizando da gravidade da situação com todas essas mortes e chacinas. No entanto, agora é preciso tratar a psicopatologia política que ela revela. Vivi na época do comunismo stalinista e maoísta e vi os partidários desses regimes desintoxicar-se como se uma janela tivesse se aberto em sua mente. Entre os jovens que voltam da Síria, há aqueles que retornam mais fanáticos e aqueles que de repente abrem os olhos, tomam consciência da loucura daquilo que fizeram. A loucura é uma faculdade humana: *Homo sapiens* é também *Homo demens*. Vimos exemplos na época de Hitler, de Stálin. Agora isso está ganhando outra forma, a partir de uma religião, hoje, de um mundo que se sente tão rejeitado, humilhado e desprezado. Esse mundo, porém, permanece pacífico na grande maioria. É nesse ponto que também se deve fazer uma separação entre esse mundo e os fanáticos.

L. A. — Como fazer essa separação? Isso depende de nós como indivíduos, todos unidos numa cidadania ativa, ou de uma tutela política, de uma união diplomática internacional?

E. M. — Tudo isso junto. Mas, se tomarmos outro exemplo, como o do clima, veremos que consciência não basta. Todas as potências são afetadas hoje por esse perigo climático, mas nenhuma está tomando medidas à altura das necessidades impostas por esse problema.

L. A. — Aliás, a tragédia da noite de sexta-feira vai eclipsar a realização da COP 21, pois já se anunciou que haverá apenas uma sessão de negociações, em vez dos grandes acordos inicialmente previstos.

E. M. — Claro. Os grandes acordos serão adiados, e provavelmente é uma coisa boa, pois eles talvez ainda não estejam totalmente amadurecidos. Mas não basta haver consenso sobre o perigo para que sejam tomadas medidas reais. Cada país reage na sua medida, egocêntrica. As nações precisarão estar perto de um abismo geral para que se desencadeie uma reação. Ainda não chegamos lá, mas acho que os principais atores capazes de acalmar o jogo estão no local: Rússia, Estados Unidos, França, Inglaterra e países árabes. Esses atores precisam entender-se sobre o cessar-fogo. A cessação dos massacres é crucial para resolver numerosos problemas, como o dos refugiados e o do romantismo fanático. Na verdade, quando estávamos na Resistência, éramos como eles: jovens, víamos na Resistência uma bela causa, nos exaltávamos e tínhamos razão.

Mas, no que se refere às Brigadas Vermelhas e, agora, a esses integrantes do E.I., é necessário que essa exaltação seja desintoxicada. Nosso trabalho é dar às jovens mentes maneiras de não afundar no unilateralismo dos fanatismos. A sugestão de Régis Debray, de ensinar a história, a diversidade e a realidade das religiões, é essencial, pois se trata de um fato antropológico, revelador das necessidades humanas. Como dizia Marx, a religião é o suspiro da criatura infeliz. Mas agora também podemos viver sem religião. É uma grande evolução: as religiões precisam entender que alguém pode não ser religioso, mas nem por isso ser considerado ímpio e maldito. Ainda há muitos progressos por fazer nesse assunto. Não é o islamismo que está em questão, mas está claro que não vivemos no mesmo século e na mesma cultura. Nós tivemos o Renascimento, o Iluminismo, Voltaire, Rousseau, Hugo, Zola. Nas culturas islâmicas, também houve alguns intelectuais que tentaram fazer a crítica histórica do Alcorão, mas não houve essa evolução. Portanto, precisamos empreender uma coexistência pacífica com esses religiosos, mas pedindo-lhes que aceitem casamentos mistos, que aceitem que as pessoas possam deixar de acreditar, que aceitem certo número de princípios que fundaram nossa República moderna, como a igualdade das mulheres. Isso não é a mesma coisa que a luta contra o fanatismo. É outra luta, que deve ser travada em paralelo com a primeira. A realidade das religiões evoluiu. O islamismo europeu está num banho democrático. Mas este também não é estável: se, por exemplo, Marine Le Pen chegar ao poder, o que está longe de ser impossível, se regredirmos como se vê atualmente na Polônia e na Hungria, onde predominam regimes autoritários, então a roda da história passará sobre nosso ventre. Vamos tentar resistir a isso. No momento, precisamos, portanto, ter um pensamento e uma ação a seu serviço.

L. A. — A noção de resistência talvez seja a única coisa a que podemos aderir e que nos possibilita agir atualmente. Mas como imaginar esse apelo da religião? Por que você acha que há esse retorno da religião na França e em outros lugares? Como você explica que, para certas pessoas, ser religioso constitui seu sentimento de pertencer à humanidade? Por que a morte triunfa?

E. M. — O fim da religião de redenção na Terra ocorreu com a queda das ideologias comunistas encarnadas pela URSS e pela China. Em condições de novas angústias, em que o progresso futuro deixou de ser uma lei da história, em que ele se tornou incerto e angustiante, em que as crises se multiplicavam com as ondas nacionalistas, assistiu-se a um retorno à religião, pois a religião terrena tinha malogrado. Ora, as religiões monoteístas, como o islamismo ou o cristianismo, dirigem-se a todos os humanos, quaisquer que sejam. Pode-se ser cristão e africano, indonésio e muçulmano. Nesses textos sagrados encontra-se tudo. tanto coisas sinistras como apelos belos, fraternos e compassivos.

Há orações no islamismo dirigidas ao Deus clemente e misericordioso. Também vemos, com o Papa Francisco, que o que há de belo e fraterno nos Evangelhos é revivificado graças a ele. É de se pensar que os muçulmanos podem encontrar nos imãs o que há de fraterno e humano no Alcorão, e que eles revivificam o texto.

L. A. — O problema é que nem sempre são esses imãs que se ouvem em certas mesquitas.

E. M. — É porque o islamismo ocidental e europeu ainda não se desenvolveu numa imersão suficientemente democrática. Estamos numa época em que as forças de retrocesso estão extremamente ativas. Não estamos numa época de avanços, mas de crises, crise da humanidade, do globalismo.

L. A. — Crise de consciência também?

E. M. — Sem dúvida. Fomos formados vendo a realidade de maneira compartimentada, segmentada em disciplinas, com economistas, sociólogos, especialistas de todo tipo. Não conseguimos ver o panorama de conjunto. É por isso que tento há anos introduzir a consciência da complexidade da consciência, do mundo, da condição humana. Precisamos estar conscientes de que somos *Homo demens*, de que a capacidade de loucura está em todo ser humano, de que tudo depende das circunstâncias. Eichmann não teria passado de um burocratazinho se não tivesse havido Hitler, como muitos carrascos. Nessas épocas, o pior do humano desperta. Vamos tentar agir de tal modo que isso não ocorra.

L. A. — Volto a essa palavra, "totalitarismo". Alguns gostariam que atingíssemos uma civilização da submissão do humano dentro de nós. Como resistir a essa submissão, a essa dominação do inumano e do mal?

E. M. — Esse é um problema que não foi suficientemente explorado. Étienne de La Boétie, em seu trabalho sobre a submissão voluntária, já afirmava que, se os povos sofrem opressão e ditaduras diversas, é também porque uma parte deles aceita essa submissão para se beneficiar de certa tranquilidade e não assumir responsabilidades demais. Precisamos nos reeducar, repensar-nos. É um trabalho demorado e difícil, mas é uma grande tarefa para o futuro. Por enquanto, precisamos nos firmar em nossas posições e ideias.

L. A. — Você acha que em cada um de nós há a possibilidade de resistir a essa violência? Quais vão ser as etapas? Tenho grande dificuldade para entender por que não há unanimidade da classe política como houve no caso dos atentados no *Charlie Hebdo* e no Hyper Cacher. Por que já há uma dissensão política?

E. M. — A unanimidade de 11 de janeiro não durou mais de quarenta e oito horas! Estávamos então ligados pelo coração, que é uma força que nunca deve ser esquecida. Mas, quando essa força diminui, renascem as ideologias e os preconceitos. Somos capazes do melhor, como demonstram as muitas ações de socorro em Charonne, no Bataclan. Mas também somos capazes de indiferença total. Ainda estamos carentes de reeducação cívica. Muitas qualidades que deveriam existir, como civismo, solidariedade, só existem nessas situações extremas e desaparecem em seguida. Talvez devêssemos aproveitar esses acontecimentos para recuperar essas qualidades. Acho que os partidos políticos estão muito esclerosados, fechados em sua linha, em suas apostas eleitorais. Não têm horizonte amplo, no qual discerniriam o destino da França, da Europa e do Mundo. Essa é a tragédia.

L. A. — O que pode representar nossa legítima aspiração à segurança e à cidadania?

E. M. — Muitas vozes se levantam nesse sentido, mas precisam unir-
-se. Seria preciso que se desenvolvesse um movimento. No entanto,
não se pode dizer que basta... Justamente, somos demasiados numa
abordagem sistemática de busca de solução imediata para o problema
que enfrentamos. Mas encontrar a solução leva tempo. Primeiro é
preciso achar o caminho que possibilite rumar para a solução. É por
uma nova maneira de viver, de pensar, que se pode chegar a isso. Por
exemplo, é preciso tirar proveito da questão ecológica para reformar
nossos comportamentos, aproveitar os acontecimentos para tomar
consciência da necessidade vital de solidariedade. Mas estamos separados, dispersos demais.

L. A. — Como interligar? É de fato uma temática central em todos os
seus trabalhos: como interligar os campos disciplinares? Como interligar nossas aspirações? E, idealmente, como nos interligarmos?

E. M. — Essa é realmente a minha principal preocupação. Nos meus
trabalhos, tento interligar os conhecimentos separados. No entanto,
estou isolado nessa atitude. Muitos não me consideram intelectual.
Faço o que posso. Lanço ideias, que são como sementes. Se o solo não é
fértil, elas não brotam. Acredito que cada um deve continuar pregando
suas ideias. De minha parte, continuo pregando fraternidade, univer-
salismo, ou seja, todos os seres humanos, apesar de suas diferenças,
têm o direito ao mesmo reconhecimento e dignidade. É preciso continuar a regenerar as ideias humanistas no melhor sentido do termo,
ou seja, as ideias abertas para o sentido do outro, abertas para o fato
de que todos, apesar de nossas diferenças, somos pequenos elementos
de uma extraordinária aventura humana. É preciso fortalecer nosso
senso de humanidade. Ainda estamos longe disso em nosso sistema de
ensino. Ao contrário, os universalistas são dinossauros, como eu. Há
um fechamento cada vez maior no particular e no nacional. É preciso

atravessar esta época de retrocesso, sem entregar os pontos, mas continuando. De minha parte, continuarei de pé até o fim.

L. A. — Na maioria de seus últimos textos, você estigmatiza a financeirização internacional. Por acaso observa um nexo causal entre esse movimento e o de retrocesso da vida democrática em vários países europeus?

E. M. — Constato que há uma conjunção objetiva de duas barbáries. A primeira vem do fundo das eras e se caracteriza por ódio, desprezo, massacres, assassinatos, tortura. Vemos que ela se desencadeia em todos os lugares, até entre nós. A segunda é fria, baseia-se no cálculo, no interesse. Só percebe o interesse imediato e deixou de ver o interesse coletivo. Essas duas barbáries, infelizmente, estão presentes, aliadas de modo objetivo, embora muito distintas do ponto de vista subjetivo. Hoje, nossos Estados estão submersos por esses interesses. É muito difícil empreender qualquer pequena reforma no plano do consumo alimentar, da indústria farmacêutica, porque há lobbies ainda muito fortes, sobretudo na Europa, que tornam possível, por exemplo, o uso de pesticidas que talvez tenham certas virtudes, mas têm, principalmente, o vício de destruir a população de abelhas. Estamos asfixiados por esses interesses particulares, pois, sem esse economicismo do lucro, teríamos produtos alimentícios de melhor qualidade, não provenientes da monocultura agrícola ou da pecuária industrial. Portanto, é preciso lutar em várias frentes: a da barbárie financeira, a da ditadura do dinheiro e a da ideologia fanática ululante.

L. A. — Existe outra solução que não a Europa?

E. M. — É possível que a Europa se fragmente. Está agora sob o domínio de interesses financeiros. O melhor caminho seria uma conscientização geral, que viesse de todos os países e impelisse os governos e os Estados a entendimentos mínimos para salvaguardar o futuro da humanidade.

L. A. — Estamos em um presente atônito. A própria noção do futuro existirá? E como você a concebe?

E. M. — Há um primeiro futuro estrutural, que nos conduz a catástrofes ecológicas, também provavelmente nucleares, que inclui meios de miniaturização da bomba atômica e armas de destruição em massa que poderão chegar com mais facilidade às mãos de grupos particulares, e não mais dos Estados. Portanto, estamos numa época perigosa. Precisamos nos aguerrir para enfrentar os perigos que há entre nós. Os atentados de 13 de novembro são uma advertência desses perigos.

14

O que esperamos dos intelectuais hoje?

L. A. — O que é dizer a verdade? Como é quem diz a verdade? Num mundo onde o fato é imediatamente transformado em opinião, as linhas de demarcação estão cada vez mais tênues. No entanto, será possível conformar-se com meias verdades, falsas verdades tão bem disfarçadas de opinião que passam por verdadeiras? O que esperamos dos intelectuais? Que nos digam sua verdade? E o que lhes pedimos? Que nos digam não o que devemos pensar, mas como podemos continuar, graças a eles, preservando em cada um de nós um espaço de liberdade num momento em que a própria definição de intelectual está se tornando cada vez mais vaga. O que é um intelectual hoje?

E. M. — O intelectual se define pelo fato de, além de sua profissão de romancista, poeta ou advogado, colocar-se em praça pública e tratar de problemas fundamentais, globais ou locais, que surgem na vida. Por exemplo, Zola é romancista, mas torna-se intelectual ao escrever *J'accuse*. Camus é escritor e, como eu já disse, torna-se intelectual com *O homem revoltado*;*

---

* Em port., Record, Rio de Janeiro, 2017, trad. Valerie Rumjanek. [N.T.]

idem para Sartre quando escreveu *O existencialismo é um humanismo*.* No entanto, nem todo intelectual é automaticamente lúcido ou pertinente. Os intelectuais não têm o privilégio de bem pensar. Ao contrário, quando vemos as posições políticas assumidas por grandes intelectuais, como Sartre, com respeito à URSS, ou como Foucault, em relação às revoluções comunistas, concluímos que há erros. Eu era comunista durante a guerra e posteriormente fui capaz de me autocriticar, o que muitos outros não fizeram.

Entre os intelectuais, temos hoje os midiáticos, que podem ser bons ou maus intelectuais. Estar na mídia não é indicador de qualidade. O intelectual deve procurar a verdade, mesmo que ela seja muito difícil de alcançar. Deve esforçar-se para não errar, extrair lições de seus erros. Seu papel é fundamental hoje, no tempo do reinado dos especialistas e dos tecnocratas. O único que pode fazer perguntas globais, escapando dos especialistas, é o intelectual. Portanto, sua missão é muito grande, mas ele será capaz de assumi-la? É preciso, pelo menos, buscar a verdade dos fatos. Quando havia, por exemplo, o falso "Salto para a Frente" na China, foram raríssimos os que encontraram boas fontes de informação. Isso prova a dificuldade de encontrar a verdade. No entanto, ainda é possível encontrar a verdade dos fatos. Mas as verdades morais e a fraternidade não são passíveis de prova. Isso prova a complexidade das coisas. Não se é intelectual por profissão, alguém se torna intelectual engajando-se em praça pública.

L. A. — O intelectual deve estar engajado em praça pública? E é importante ser de direita ou de esquerda quando se é intelectual?

E. M. — O intelectual se define justamente por esse tipo de engajamento, mais do que por uma cor política. Houve intelectuais de direita, como Maurras, Barrès etc., bem como intelectuais de esquerda. Alguns

---

* Em port., Vozes, São Paulo, 4ª. ed., 2014, trad. João Batista Kreuch. [N.T.]

intelectuais não são nem de esquerda nem de direita. Eu mesmo não me reconheço nas esquerdas políticas de hoje, mas subjetivamente me considero de esquerda.

L. A. — Como intelectual, por que considera que é preciso ser engajado? Por que acha que é preciso tomar partido? Por que você escreve artigos em jornais, faz conferências?

E. M. — É uma tautologia, porque a característica do intelectual é ser engajado, quer o seja à direita ou à esquerda.

L. A. — Mas não há intelectuais não engajados?

E. M. — Então não são intelectuais, e sim escritores, poetas etc. Tudo depende da definição que se dê à palavra. No que me diz respeito, estou preocupado com o destino da humanidade, especialmente com a globalização, que obriga todos os seres humanos a comungar o mesmo destino, os mesmos perigos e as mesmas angústias. Também estou preocupado com o caráter desastroso das guerras que se deterioram, como foi o caso da guerra da Argélia e, hoje, do conflito entre Israel e Palestina ou o da Síria.

L. A. — Por ser um cidadão como outro, e não por ser intelectual. Mas, por ser intelectual, você se engaja no debate público.

E. M. — Não. Sou intelectual porque tenho a possibilidade de me expressar pela palavra. Se não puder me expressar na televisão, faço isso pela escrita. O cidadão é idêntico a mim, mas não tem a possibilidade de exprimir-se. Portanto, tenho uma vantagem que me dá certo dever para com os outros cidadãos.

Trata-se de tentar compreender e fazer compreender. É bastante simples de dizer, mas muito difícil de fazer. Acho que, se tivesse de resumir em poucas palavras o que tento fazer, que é uma tarefa filosófica, pelo menos tanto quanto uma tarefa intelectual, se não muito mais, eu diria que é ela consiste em ligar o particular ao universal.

L. A. — Todos se lembram do engajamento midiático de Pierre Bourdieu nas grandes greves de 1995. Você acha que, com a evolução da mídia nos últimos anos, a função do intelectual evoluiu, e, se sim, como?

E. M. — Hoje, o tempo de fala que a mídia oferece é muito pequeno e muito entrecortado para tratar de grandes problemas. No fundo, a primeira problemática é, portanto, o tempo. Em nome da busca da diversidade, corta-se a palavra de quem está falando assim que tem início a argumentação. Lembro-me de uma época em que eu podia dialogar com um jornalista num *tête-à-tête* durante meia hora ou uma hora na televisão. Essa época passou. Agora é muito difícil transmitir uma mensagem. Nos programas de debate, sempre tenho medo de tomar a palavra no lugar de outro ou que me cortem a palavra quando tenho vontade de falar. Por outro lado, há os intelectuais midiáticos que são convidados a falar de qualquer assunto. É preciso tentar não errar muito e, quando errar, reconhecer os erros. Isso não é exclusivo do intelectual. Todos deveriam se autoanalisar.

L. A. — Podemos dizer que você viveu a historicidade da definição de intelectual. Por acaso está tão preocupado quanto alguns intelectuais segundo os quais estamos assistindo a uma perda de rumos dos intelectuais na atualidade?

E. M. — Cornelius Castoriadis falava da escalada da insignificância. Acho que esse é um dos aspectos dessa perda de rumos. Alguns intelectuais são bastante pretensiosos e pensam possuir a verdade. Outros, porém, não têm essa pretensão; portanto não são os que vemos o tempo todo nas telas que são o protótipo do que temos de melhor em termos de intelectuais. Há intelectuais que permanecem na sombra, não são chamados pela mídia, no entanto existem. Vivi muitas ilusões, muitos erros desde a adolescência. Na década de 1930, assisti a todos os erros possíveis: a crença de que Hitler não chegaria ao poder e que poderia pôr fim ao desemprego, a Guerra Civil Espanhola, os acordos de Munique, que jogavam a URSS nos braços de Hitler, depois os erros assombrosos do estado-maior francês. Vi todos esses erros se acumular. Receio que hoje estejamos numa nova época de sonambulismo e ilusão.

L. A. — "Respeitar as palavras, respeitar os outros, com O maiúsculo, príncipes ou varredores de ruas", dizia Camus no início da década de 1960. As coisas mudaram mesmo desde então?

E. M. — Mudaram. É preciso resistir, e eu acho que o mais difícil não é resistir às sereias. Acho que o importante de fato é ser capaz de calcular a dimensão do que está acontecendo. Os acontecimentos atuais ecoam outros que já ocorreram. Estamos numa época em que pode sobrevir uma guerra. Eu me abstenho de dizer isso porque acho que, toda vez que se evoca a possibilidade de uma guerra, a possibilidade de ela ocorrer se torna mais concreta. Estamos cercados por guerras, mas não pela Guerra, uma guerra mundial, com grande envolvimento de todos os países. Vivemos num mundo dúbio, que não quer guerra, mas onde se multiplicam pequenas guerras, cada uma gravíssima. Por isso, queremos tão mal um mundo sem guerra que vamos acabar chegando a ela.

Seria preciso trabalhar para que a Síria deixe de ser esse mundo de horror que vemos hoje. Precisaríamos fazer acordos para termos uma política digna e real em relação aos migrantes. É preciso pensar por antecipação. Não é possível ter chegado a este ponto catastrófico hoje. O intelectual pode tentar fazer entender que os políticos devem fazer seu trabalho, ou seja, incitá-los a refletir, a trabalhar juntos para que as ideias funcionem corretamente.

"Acho que, quando envelhecemos, percebemos que muitos problemas que pareciam insolúveis foram resolvidos. Assisti à derrota do fascismo, do stalinismo, ao fim do apartheid e à descolonização. Foram feitos progressos enormes. No que diz respeito a outras áreas que me preocupam, quer seja a relação Israel-Palestina ou a degradação da Terra, a grande pobreza diante de uma imensa riqueza concentrada numa pequeníssima parcela da população, é tudo revoltante, escandaloso, e temos razão de nos indignar." Essas palavras são as que Stéphane Hessel, com quem escrevi um livro, proferiu em dezembro de 2011, aos 94 anos. Continuemos a nos indignar como cidadãos do mundo e intelectuais.

L. A. — No entanto, o espaço concedido, não só na mídia, mas também no mundo político, não estará encolhendo a olhos vistos? O que os intelectuais ainda podem fazer e o que eles ainda têm para nos dizer?

E. M. — Acho que indignar-se não é suficiente. O próprio Hessel o reconhecia. No livro *O caminho da esperança*, tentávamos traçar uma via política, uma esperança política. A esperança hoje é acreditar no improvável, apesar das probabilidades desastrosas. No fundo, a vitória dos Aliados era improvável em 1941, no entanto uma série de acontecimentos possibilitou mudar esse destino. É por isso que me interesso pela questão da força da política. Acho que hoje o verdadeiro problema é que os políticos já não têm pensamento próprio, mas estão a reboque da economia, em particular a economia neoliberal, que eles acreditam ingenuamente capaz de oferecer soluções, quando sabemos que ela é mais capaz de agravar a situação. Acho que a regeneração do pensamento político é fundamental. Não devemos apenas voltar aos grandes pensadores do passado, mas também nos interessar pelos do presente, não só intelectuais, mas também acadêmicos, todos. Acima de tudo, é preciso tentar pensar. A grande dificuldade vem do fato de que nossos conhecimentos são compartimentados e separados em disciplinas, impedindo que todos esses saberes sejam reunidos para encontrarmos uma direção. Há uma crise do pensamento, da inteligência: é por isso que falo de sonambulismo.

L. A. — O que significa pensar? Kant dizia: "Sempre pensamos em comunhão com os outros, a quem comunicamos nossos pensamentos, assim como eles nos comunicam os seus." Em suma, somos todos intelectuais?

E. M. — Em certo sentido, sim, pois não há fronteira nítida entre o intelectual e o escritor, o filósofo e o cidadão. Penso que o intelectual, em oposição aos hiperespecialistas, aos tecnocratas, aos cientistas que nos governam por intermédio de políticos e governantes, têm o papel de formular problemas fundamentais que tendam a ser ignorados na vida cotidiana, na rotina.

15

*Consequências da pandemia**

L. A. — Hoje faz exatamente um ano que o confinamento começou. Como você vê, retrospectivamente, esse ano?

E. M. — Foi um ano de incerteza e de imprevistos crescentes, sem que possamos entrever uma saída para os diferentes problemas, não só de saúde, provocados pela pandemia; problemas humanos resultantes dela ainda hoje, na França, como restaurantes e bistrôs fechados; problemas de incerteza econômica. Creio que não resolvemos algumas incertezas no ponto de partida, como a origem do vírus: hoje se põe em xeque a hipótese de que tenha escapado de um laboratório chinês, mas não sabemos. Assistimos à chegada de mutações, chamadas variantes, sem as termos previsto, se bem que todos saibam que os vírus sofrem mutações, em especial o da gripe, que as apresenta o tempo todo. Portanto, continua havendo imprevisão, silêncio, por parte das autoridades. Não sei se é para não causar preocupações demais. Mas, mesmo quando não se quer causar preocupações demais, causa-se

---

* Entrevista realizada em março de 2021 por Zoom. [Nota de L. A.]

ainda mais preocupação. Ao mesmo tempo que as vacinas são produzidas em massa e deveriam estar chegando em massa contra o vírus original, vemos esse vírus original dar lugar a essas mutações, duas ou três dos quais são conhecidas – a inglesa, a sul-africana e a brasileira –, mas contra as quais não se sabe se as vacinas funcionam. Portanto, continuamos em plena aventura e acho que precisamos continuar sendo vigilantes e ter uma estratégia da incerteza.

L. A. — Hoje mesmo ficamos sabendo que a Alemanha também está suspendendo o uso da vacina AstraZeneca, portanto temos a impressão de que o vírus está sempre um passo à nossa frente. Como entender isso, epistemologicamente falando?

E. M. — Entendemos sem precisar recorrer à epistemologia, mas recorrendo à história. Desde o início da epidemia, todos se lançaram à pesquisa de vacinas e ninguém se preocupou com a pesquisa de remédios. As publicações *The Lancet* e *The New England Journal of Medicine* foram obrigadas, em junho do ano passado, a remover seus artigos sobre a hidroxicloroquina, medicamento usado contra a malária, adaptado ao uso contra o coronavírus. Da mesma forma, a ivermectina, que é um medicamento contra o prurido, foi adaptado ao uso contra a covid. Ninguém se concentrou na pesquisa de medicamentos, e o fato de médicos particulares terem sido proibidos de cuidar do assunto impediu alguns médicos de improvisar soluções engenhosas e inventivas. Houve a pesquisa obsessiva da vacina, que é totalmente legítima e necessário, mas foram deixados de lado não só os medicamentos, como também as prevenções imunitárias, como a fitoterapia, o zinco, a vitamina D etc. Por outro lado, ao se focalizar a vacina, focalizou-se o vírus original, de tal modo que, ao se apresentar a nova situação, está tudo completamente superado. E, com a história da AstraZeneca, que começa a ser proibida em diferentes países por causa de alguns efeitos colaterais, há também o problema, inevitável, de realizar a vacinação conhecendo os efeitos colaterais imediatos (um pouco de febre etc.), mas ignorando os possíveis efeitos colaterais de médio prazo. Isso é inevitável, mas, ao mesmo tempo, reflete esse foco e essa correria apenas para as vacinas.

Então, agora, o que vai acontecer? As empresas vão produzir novas vacinas contra novos vírus, talvez outros novos vírus vão proliferar. Vamos ficar apostando corrida com o vírus, sem alcançá-lo. Contra a gripe já há essa perseguição todos os anos. Todo ano o vírus muda, e nós damos vacinas contra o vírus do ano anterior. Portanto, estamos sendo ultrapassados por esses processos, em parte imprevisíveis, que são o surgimento dessas mutações. E, acima de tudo, há uma espécie de cegueira por essas vacinas apenas, em vez de haver uma pluralidade de métodos contra esse vírus, com a inclusão de medicamentos. Da mesma forma, não há absolutamente nenhum interesse no que está acontecendo em outros países. Por exemplo, Cuba tem um medicamento que não cura, mas luta com eficácia contra os efeitos mais graves do vírus. Ela ofereceu esse medicamento, que é usado na Venezuela, no Panamá, na China etc. Ninguém se interessa em saber se esse remédio vai funcionar. Em Madagascar, usam artemísia, que é uma planta muito eficaz contra a malária: ninguém se interessa. Temos a impressão de que o único foco é sobre nossas vacinas ocidentais. Aliás, mesmo hoje, no Marrocos, onde resido, há a AstraZeneca, há a vacina chinesa, e eles compraram e vão receber a vacina Sputnik. Portanto, parece que as empresas ocidentais fazem de tudo para impedir que cheguem as vacinas russas ou chinesas. Ou seja, há um tipo de negócio escuso por trás de todas essas histórias, em detrimento dos pacientes infelizes que sofrem ou morrem.

L. A. — Enquanto falávamos, Edgar, acabo de receber no meu celular o seguinte alerta "covid-19: A França suspende o uso da vacina AstraZeneca até a emissão de parecer europeu na quarta-feira." Que reflexões isso lhe inspira?

E. M. — Isso me parece lógico por duas razões. A primeira é evidente: uma vez que certo número de países a suspendeu, após casos suspeitos, por que não fazer o mesmo? A segunda é que os franceses, informados por sua mídia de que a Dinamarca, os países nórdicos, suspenderam a AstraZeneca, estão cada vez mais preocupados com essa vacina e, portanto, essa preocupação em si justifica a suspensão. Mas o pior é que a França não se abasteceu suficientemente da Pfizer, ou talvez tenha sofrido muita concorrência de países ainda mais ricos, como os Estados Unidos. Não buscou outros suprimentos além da AstraZeneca. Agora há também a Johnson & Johnson. A Sputnik e a chinesa também mereceriam ser testadas de alguma maneira. Estão disponíveis no mercado.

L. A. — Que reflexões fazer sobre o assunto em nível europeu? É uma força estar na Europa no caso de uma pandemia como a que estamos experimentando?

E. M. — Se a Europa tivesse se unido e coordenado, teria sido uma força. Como isso não aconteceu, esta é uma situação em que nos mostramos bem isolados. Nessa questão do suprimento de vacinas, a Pfizer continua sendo de conservação muito complicada, mas não temos o suficiente. A AstraZeneca está suspensa. Portanto, estamos agora numa situação em que as autoridades vão ter de tomar uma decisão, porque, afinal, estamos em plena campanha de vacinação. Mas, também nesse caso, repito a o mesmo ponto de interrogação: vamos vacinar maciçamente contra o vírus antigo, mas ele está desaparecendo, e nossas vacinas atuais, tanto chinesas quanto russas, ainda não foram bem testadas para sabermos se serão eficazes. Mas já sabemos que a vacina inglesa e a outra não funcionam muito bem contra a variante sul-africana. Portanto, estamos numa contingência histórica, em que há imprevisto, mas também imprevisão e improvisação. Não houve suficiente reflexão. Todos os cientistas sabem que os vírus podem sofrer mutação, portanto essa hipótese devia ter sido aventada já no início da pesquisa de vacinas.

L. A. — É comum a ciência ter um pouco de atraso em relação a uma realidade dolorosa como essa pandemia?

E. M. — Vimos, com a AIDS, que as autoridades científicas, com suas teorias, nunca pensavam que essa doença pudesse ser produzida por um vírus. Houve alertas de dois simples médicos de subúrbio sobre a história do sangue contaminado, e, por fim, Montagnier pôde demonstrar, contra a opinião geral, que era de fato um vírus. Do mesmo modo, Pasteur foi condenado por todos os médicos da época, porque não era considerado competente. Na França como em outros lugares, a iniciativa e as descobertas perturbam as teorias estabelecidas e as autoridades consagradas. Einstein perturbou todas as teorias físicas de sua época. O importante é que a ciência permita o desenvolvimento de espíritos livres, desviantes e originais. Mas, se a pesquisa for controlada apenas com base em efeitos imediatos, a coisa não funcionará. É preciso deixar que as mentes engenhosas investiguem.

L. A. — Por que na Europa nos fazem acreditar que o único remédio é a vacina?

E. M. — Acredito que tenha havido pressão das indústrias farmacêuticas, que têm seus lobbies junto aos vários Ministérios da Saúde e são influentes nas altas hierarquias científicas, porque financiam suas pesquisas, e para as quais as vacinas são um negócio extremamente rentável. Sob a influência delas, *The Lancet*, a mais respeitável revista médica, publicou uma falsa estatística contra a hidroxicloroquina. Acho que nessa área, como em outras, houve o efeito do dinheiro corruptor. Infelizmente, aconteceu na saúde, mas está presente em muitas outras áreas.

L. A. — Você tem a impressão de que a própria definição de vida mudou desde o surgimento dessa pandemia?

E. M. — Não, não é a noção de vida. Acho até que isso reforçou a ideia de primazia da vida humana sobre o interesse econômico. Mas foi feito de uma forma um tanto desastrada. O que também se alterou muito, especialmente na época do primeiro confinamento, foi a impossibilidade de pais e parentes visitar irmãos, maridos, cônjuges intubados, de não poder fazer funerais. Houve algo muito grave. Os funerais são um fenômeno da comunhão vital necessária. Isso já passou. O que creio é que as estatísticas diárias de mortes nos remetem à fragilidade da vida. Em certo sentido, tentamos proteger vidas de uma maneira não muito feliz, pois poderíamos ter desenvolvido remédios que teriam salvado vidas. Não houve dedicação suficiente à proteção concreta da existência. Com o tempo, é como o que ocorre com acidentes de trânsito: temos estatísticas que não nos deixam indiferentes, mas que nos afetam cada vez menos. Neste caso, agora, temos nosso quinhão de mortes diárias, que vamos admitindo. Portanto, temos coisas contraditórias acontecendo ao mesmo tempo.

L. A. — Desde o início dessa pandemia, o significado, a percepção, a própria definição de morte evoluíram?

E. M. — Acho que não, pois a morte é algo que tentamos esconder, adiar, apesar de, ao mesmo tempo, termos consciência de que ela vai nos atingir. Portanto, acho que sua ameaça se tornou um pouco mais pesada, mas, também nesse caso, pelo menos com o vírus original, as pessoas com menos de 60 anos não eram atingidas mortalmente, salvo exceção.

No momento, acho que estamos muito mais numa espécie de onda, numa espécie de estado, em que tentamos não pensar muito no assunto. Tentamos nos prevenir, em maior ou menor grau, especialmente porque os jovens, respeitando pouco as medidas de distanciamento, que parecem contrárias aos seus costumes de convívio social, podem ser vetores de contaminação dos pais. Acho que é preciso viver com a ideia de que não há risco zero, de que a proteção máxima que se pode ter para viver retira todo sentido da vida. Acaso é vida ficar hiperconfinado, enclausurado? Portanto, somos levados hoje a refletir sobre a parcela de risco que temos de correr e que habitualmente corremos com os cânceres, com os acidentes de trânsito. No entanto, esse risco aparece repentina e quantitativamente aumentado. Acho que nos acomodaremos. Penso na Ocupação. Vivi alguns meses na região sul, do desastre de junho de 1940 até o outono, num período em que a comida tinha diminuído terrivelmente. Passamos de uma sociedade na qual se encontrava quase tudo a uma sociedade na qual não se encontrava quase mais nada. Foram baixadas restrições de todos os tipos, e as pessoas se viraram. Deve-se dizer que, na época, metade da população era rural, muitos tinham pais morando no campo, em casa de amigos, que os abasteciam. Havia um mercado negro artesanal. Mas passou-se de repente a viver um período de racionamento total. Não havia mais café, o vinho tinha se tornado muito raro, as gorduras, raríssimas. Mas a capacidade humana de suportar o acidente, o desastre, é tão grande quanto a de se adaptar à penúria.

Então, o que espero é que não nos encaminhemos para desastres muito maiores. Hoje em dia entramos nenhuma época em que é possível o desenvolvimento de vírus ainda mais nocivos. Precisamos refletir sobre o fato de que, antes da pandemia, havia uma crise mundial das democracias, sociedades onde, sob o peso do poder desenfreado do dinheiro, chamado neoliberalismo, havia movimentos de indignação que eram veementes, mas reprimidos. Na França, há os Coletes Amarelos, os sindicatos. Há a crise ecológica, da qual se toma consciência lentamente, mas que atinge toda a humanidade e não está resolvida. Todas essas crises só podem agravar-se com as consequências econômicas da crise que estamos vivendo. Acho que haverá algo novo, mas pode ser pior, pois será o velho piorado. As forças da renovação estão muito dispersas, não estão coordenadas, não têm um pensamento diretor, uma política que aponte uma nova via, que seria a minha esperança. Portanto, por enquanto, toda crise favorece tanto a imaginação criativa quanto o retrocesso para mentalidades fechadas, identitárias e racistas. A crise favorece o melhor e o pior. Atualmente, há o risco de favorecer o pior, como vemos com as polêmicas sobre o islamoesquerdismo, noção fantasmagórica que parece ter alguma credibilidade, ao passo que aqueles que são tratados assim são os que têm alguma compaixão pelo destino das minorias, humilhadas ou ofendidas. Portanto, o debate público está muito degradado. No momento é preciso resistir pelo espírito, em oásis de fraternidade, compreensão mútua, esperar que algo apareça antes do abismo. De acordo com os versos de Hölderlin, onde cresce o perigo, cresce também a esperança.

L. A. — Você já teve essa sensação de crise, ou é a primeira vez que há uma espécie de fusão de todas as crises?

E. M. — Não, esta é uma fusão de crises gigantescas, de crises múltiplas. Vivi muitas crises, mas não desse tipo. Toda a minha adolescência foi um período de sucessivas crises de pensamento, com fascismo, comunismo stalinista, democracia diante de ditaduras, a esquerda em oposição violenta à direita com a Frente Popular, a Guerra Civil Espanhola. A guerra da Argélia também foi um período de crise. Pela minha vivência, observei que não havia conscrição da crise. Quer dizer: o que é crise? Crise é quando determinado sistema rompe sua regulação, aquilo que é chamado de processo de *feedback* negativo, que impede o desenvolvimento de suas contestações. Quando esse sistema é afetado, vemos o desenvolvimento de fenômenos minoritários, e o sistema entra em crise. Ele pode conseguir se recompor de nova maneira, ou voltar ao que era. Depende da situação. Como nascem os sistemas complexos? A crise terá desencadeado novas forças. É preciso encontrar novas soluções para a situação. É a imaginação criativa que vai desencadear invenções criativas ou então medos, que farão procurar o salvador, o protetor.

Na França, estamos nesse estado. Estamos num estado de duas Franças, que sempre lutaram entre si (por exemplo, quando houve a Terceira República, ela foi capaz de rejeitar a França monárquica, católica, reacionária). Na época do caso Dreyfus, vimos que foi a França humanista, republicana, que derrotou a outra França. Quando houve o desastre de 1940, foi a outra França, a de Vichy, que retomou o poder. Portanto, há sempre duas Franças na França, mas elas mudaram: o catolicismo, por exemplo, já não é reacionário, em sua maioria, aceitando a República e sendo até humanista. A reação assumiu novas formas. Antes da guerra, os constantemente denunciados eram os judeus e os estrangeiros. Agora há antissemitismo novamente, mas não só ele, há também os muçulmanos, os árabes etc. Estamos numa época em que as forças obscurantistas se opõem a tudo o que constitui a essência da França humanista, que foi formada desde Montaigne, Voltaire e a Revolução Francesa.

L. A. — Será que por isso seria preciso relativizar o que nos está acontecendo, em relação, justamente, à Segunda Guerra Mundial, à guerra da Argélia, a todos os abalos da história que foram chagas purulentas? Será que o que estamos vivendo deve ser relativizado e inscrito numa história?

E. M. — A crise não acabou. Ainda estamos no meio dessa crise. Ora, a Segunda Guerra Mundial terminou de maneira feliz com a vitória dos Aliados. A guerra da Argélia terminou de uma forma, eu não diria feliz, pois houve muitas vítimas, mas a França escapou da ditadura graças a de Gaulle – ainda que a Argélia não tenha escapado da ditadura. Apesar disso, encerramos esse episódio medonho da história. Estamos, portanto, em pleno desenvolvimento de uma crise, não podendo julgar sua importância e sua natureza. Esta crise é mundial, como foi a Segunda Guerra Mundial, porém ainda mais. Vemos isso em todos os detalhes. Mesmo em relação às vacinas, os países da África não conseguem encontrá-las. Estamos lidando com choques de todo tipo, estamos dentro da coisa. Suspendo meu juízo, pois ainda estamos no imprevisível. Na incerteza, ainda temos de considerar cenários possíveis, mas ainda não posso julgar.

L. A. — Isso ainda lhe dá vontade de viver?

E. M. — Está vendo que sim [risos]! Cada assalto das forças da morte provoca, ao contrário, reação vital. Tenho vontade de viver, mas agora sei que essa vida é bem limitada. Mas gostaria de viver o fim dessa pandemia.

L. A. — Você concordaria em falar daquilo que lhe aconteceu como problemas de saúde recentemente, já que esta é a primeira vez que voltamos a conversar desde então? Quase morreu duas vezes! Do que se lembra?

E. M. — Eu me lembro que estava em plena hemorragia intestinal, e Sabah, com toda a pressa, tinha chamado um gastroenterologista, e ele havia entrado em contato com uma ambulância com UTI móvel que não chegava. Durante esse tempo de espera, em que eu enfraquecia, ia ficando cada vez mais tranquilo e indiferente. Ia me distanciando de mim mesmo.

L. A. — Você se via morrendo, mas isso não o chateava muito?

E. M. — É, eu me via morrendo, mas era um processo que eu atravessava com fatalismo. Alguns meses depois, quase morri de septicemia, que baixou minha pressão para 9, 8, 7, 6... Os médicos chamaram Sabah a fim de prepará-la para o pior. E me perguntaram se eu queria ir para a UTI, e eu disse que não. Estava bem tranquilo. Estava enfraquecido, mas não tinha dor. Assim como quando tive a hemorragia, estava fraco, mas não tinha dor. Devo ter adormecido, e o primeiro milagre foi que naturalmente os médicos tinham dito a Sabah que, em vista de minha idade, eu tinha vivido a vida. E Sabah dizia: "Não! Não!" Ela agitou a comunidade médica de Montpellier. Eles se reuniram para tentar encontrar uma solução, pois me davam antibióticos contra as bactérias, e eles não funcionavam. Por fim, recorreram a um cara mais esperto, que me deu outro antibiótico, e minha pressão, que havia caído para 5, começou a subir. Em toda essa história, tanto o coração quanto os rins estavam enfraquecidos, mas num estado de enfraquecimento não doloroso. Portanto, eu vivia aquilo sem entender muito bem. O milagre é que eu não esperava me recuperar como me recuperei.

L. A. — Mas nem por isso você se poupa na vida que leva.

E. M. — De qualquer modo, estou começando a limitar as atividades. Há muitos pedidos de entrevistas, que não faço. Limito as atividades. Foi interrompido meu livro sobre as lições de minha experiência de vida. Mas estou voltando a ele em ritmo mais lento.

16

*Vacinas**

L. A. — Como você está vivendo o período pós-covid?

E. M. — Vou tocando. Estou em condições exteriores bastante favoráveis. Mas, evidentemente, um pouco exilado. A primavera marroquina, em Marrakech, já tem algo de verão, e a vida cotidiana é agradável. Apesar de tudo, consegui trabalhar um pouco. Estou trabalhando no meu livro.** O verdadeiro problema, como para todos à sua maneira, é saber estabelecer-se na incerteza, viver com essa incerteza e tentar fazer projeções diversas para o futuro, informar-se. Passo muito tempo me informando, principalmente porque a incerteza não está só em nossa vida, mas está se multiplicando no plano sanitário. Seria possível prever, sobretudo por parte dos cientistas, que os vírus muitas vezes sofrem mutações, pois isso é o que ocorre com o vírus da gripe, que se transforma todos os anos.

---

* Entrevista realizada por Zoom em outubro de 2020. [Nota de L. A.]

** Livro publicado na primavera de 2021 com o título *Leçons d'un siècle de vie* (Ed. Denoël). [Em port., *Lições de um século de vida*, Bertrand Brasil, Rio de Janeiro, 2021, trad. Ivone Benedetti — N.T.]

Mas a opinião pública não foi informada. Como eu já disse, apostamos tudo em vacinas, sem dúvida salutares, mas feitas de maneira acelerada, em detrimento de medicamentos, alguns bastante eficazes, usados em diferentes países. É como se esses medicamentos... mesmo a ivermectina é condenada por muitos órgãos oficiais, embora funcione em outros países. Há já esse problema. Há aquilo que eu também lhe disse, é que – aliás, os noticiários começam a falar disso – as mutações apresentam problemas referentes aos limites de eficácia das vacinas. E vi hoje que se anuncia a possibilidade de uma terceira aplicação nos que já tomaram duas e a possibilidade de vacinação anual. E é preciso também saber se as vacinas de RNA, especialmente as que eu tomei, ou seja, a Pfizer, a longo prazo não produzirão certo número de efeitos que não podem ser previstos, e se as vacinações repetidas não vão produzir efeito adverso. Então, digamos, estamos numa situação muito difícil de prever; em relação a ela há controvérsias até entre cientistas e médicos, e a opinião majoritária não lhe é necessariamente simpática, porque tem enorme apoio financeiro.

Portanto, é essa a vida que temos de aceitar. Acho que precisamos entender que somos obrigados a nos integrar a essa nova vida. Não é apenas uma incerteza sanitária – claro: é uma incerteza muito mais geral, sobre nossas atividades, sobre o destino do país e sobre o próprio destino da humanidade, na qual devemos pensar. As informações chegam em conta-gotas, muito diversificadas. Precisamos procurá-las, precisamos tentar ter um ponto de vista entre informações muito contraditórias. Portanto, tudo isso é um trabalho, mas que também requer vigilância intelectual permanente. Dito isso, acho que devemos continuar a nos informar. O livro que eu havia começado está em fase de correção. É preciso continuar realizando as tarefas fundamentais. De minha parte também, continuo defendendo as ideias em que acredito.

Tenho de tentar intervir sobre esses problemas de fundo, mas não é urgente: o da dupla França, ou seja, uma França humanista e uma França identitária, visto que, claro, a França humanista é identitária –

mas de uma identidade aberta, acolhedora e inclusiva – e a outra tem uma identidade fechada e excludente. Penso mesmo que a degradação dos debates públicos ganhou aspectos muito grotescos com o conspiracionismo ou a chamada teoria da conspiração, o retorno do islamoesquerdismo. A denúncia do racialismo dos negros. Pessoalmente, acho que há aí também uma coisa de extrema importância: é verdade que sempre houve excessos secundários nos movimentos de emancipação e liberação. Eu mesmo, na libertação de Paris, que foi um dos momentos mais bonitos que vivi, presenciei excessos: houve mulheres tosadas, postas em situação infamante, houve pecados veniais que foram transformados em pecados capitais. Houve um excesso depurativo, quando pessoas inocentes foram acusadas de maneira injusta, como durante a Ocupação, quando colaboradores denunciavam de maneira injusta pessoas que supostamente lutavam na Resistência.

Hoje, quando denunciamos racismo naqueles que sofrem o racismo das classes dominantes como um contrarracismo, como o *Black is beautiful*, devemos compreender que se trata de um movimento de autoafirmação contra a humilhação. Ele opõe um mito racial de humilhados a um mito racial de humilhadores. Porque, em relação à noção de raça, a questão não é saber se ela é científica ou não: é uma questão de vida cotidiana. Assim que se vê alguém com pele de cor diferente ou de fácies diferente, tem-se a sensação de que essa pessoa é de outra raça. Usa-se essa palavra. Mesmo não sendo científica, as pessoas a vivenciam desse modo. Portanto pessoas que se sentem discriminadas pelo racismo sentem que sua própria raça está sendo discriminada. Aliás, mesmo sem falar de raça, Senghor falava de negritude, e Césaire foi muito mais longe. Acho que temos que considerar com atenção, com compaixão, com amizade, o destino de pessoas que são desprezadas, humilhadas, sujeitadas, que não receberam o pleno reconhecimento de sua humanidade. Hoje sabemos e sempre soubemos que a necessidade de ser reconhecido como ser humano integral é uma necessidade fundamental. O sociólogo Axel Honneth mostrou, com toda a razão, que muitas lutas sociais são impulsionadas pela necessidade de reconhecimento. No caso dos Coletes Amarelos, com certeza não havia apenas isso, mas havia também isso. Então, pensemos sobretudo nesses humilhados, sejam mulheres, negros, norte-africanos, judeus, muçulmanos, em todos os seres humilhados; é preciso reconhecer o direito deles ao reconhecimento, é preciso reconhecer a situação deles. E é uma vergonha o fato de que os que dominam, humilham e desprezam comecem a tratar os dominados e desprezados como racistas, para ocultar seu próprio racismo, alguns deles, simplesmente querendo assumir o que chamam de raça. É isso que me parece muito importante hoje.

L. A. — Será que os livros de história, com o tempo, vão registrar o que está acontecendo conosco?

E. M. — Vemos que há focos, que há riscos, que há possibilidades. Vimos, até agora, guerras civis com ingerências internacionais. A guerra da Síria era uma guerra globalizada: havia americanos, havia turcos, havia franceses, havia todo o mundo intervindo. Bom... Portanto, é preciso acompanhar os acontecimentos... Não temos só a tensão do Oriente Médio, da Arábia Saudita e de Israel, também a questão de Taiwan, importante entre a China e os Estados Unidos. Temos a questão da Ucrânia, extremamente importante, porque é um país heterogêneo, onde há problemas que surgem com as ambições russas. Portanto, temos focos perigosos no mundo.

Em certo sentido, a subida de Biden ao poder atenuou alguns desses perigos, mas não os eliminou. Por exemplo, a questão iraniana. Vemos muito bem que há um desejo de acalmar as coisas desse lado. Em compensação, também acho que Biden não entrará em conflito, mas ainda há uma coisa muito séria com a história de Taiwan, com a história da Ucrânia, e podem surgir outros focos. Portanto, é um risco.

Outro risco importante é que, já antes da pandemia, havia uma crise mundial das democracias e a formação de regimes neoautoritários com fachada parlamentarista. Infelizmente, temos alguns ótimos exemplos. Turquia, Hungria e Rússia, para falar da Europa, e inúmeros exemplos em outros continentes. Mas também significa que isso nos afeta, que é um risco muito concreto para a França, pelo menos nas próximas eleições presidenciais. Temos esses problemas. Mas temos ainda, mais profundo e mais distante, o fato de que as técnicas, especialmente informáticas, possibilitam hoje a vigilância generalizada e total de indivíduos, portanto das populações. O reconhecimento facial soma-se a todas as outras formas de reconhecimento, por drones... de modo que tudo o que dizemos por telefone, ou tudo o que escrevemos em nossos computadores seja registrado e talvez conservado e usado.

Atualmente, alguns neurocientistas estão tentando descobrir se é possível adivinhar os pensamentos observando as interações dos neurônios no cérebro, o que possibilitaria a produção de um *Big Brother* total que leria nossos pensamentos secretos. Portanto, temos todos os elementos para um sistema neototalitário que superaria em eficiência o que existiu na Alemanha ou na União Soviética no século passado. Eles tinham a polícia, uma polícia onipotente, que controlava até o partido. Na China, eles conservam a polícia. O perigo agora é que a vigilância pode ser quase perfeita. Logo, temos perigos enormes. E, contra esses perigos, temos pouquíssimas consciências. As consciências estão dispersas. Temos pouquíssimas organizações.

Por exemplo, o que temos passado desde os anos Reagan e Thatcher, o chamado neoliberalismo ou ultracapitalismo, ou seja, o domínio do poder do dinheiro sobre a política, a supressão dos serviços públicos, a privatização generalizada, o aumento da riqueza dos mais ricos, o aumento da pobreza dos mais pobres, todos esses fenômenos, que começaram, continuam e não parecem estar prestes a parar... Quais são as forças capazes de detê-los? Pode-se dizer que, antes da guerra, havia a Frente Popular, que, infelizmente, foi derrotada, mas existiu. Hoje, todas as forças de esquerda estão desintegradas e temos a impressão de ver pedaços de vaso quebrado tentando colar-se de novo de uma forma muito desorientada, em vez de buscarem um novo caminho, a política de que lhe falei muitas vezes, que integrasse a problemática ecológica, a problemática civilizacional e o progresso humano e social. Portanto, estamos desarmados. Hoje, estamos em debates absolutamente inferiores ou degradados. Hoje, é preciso pensar nessa situação grave. Então, agora não pratico o catastrofismo, sabendo que é muito possível a ocorrência de catástrofes. Mas, como sempre na minha vida, achei que a esperança estava no improvável, porque o improvável às vezes se realiza. Às vezes, de maneira atroz, às vezes de maneira benéfica. Eu o vi amiúde. Cabe pensar que há forças de regeneração, cabe pensar, como dizia Hölderlin, que é onde cresce o perigo que chega a salvação. Assim, talvez a conscientização chegue no momento em que estivermos à beira do abismo, onde será possível sair. Continuarei, com minhas parcas forças, a militar nesse sentido e a promover o que chamo de nova via.

L. A. — Como definir essa nova via, hoje, por um lado, a eleição de Biden, que é boa notícia, por outro a ascensão de autoritarismos, de ditaduras, inclusive na Europa, que é má notícia?

E. M. — Também aí há um longo caminho pela frente. Há a generalização da conscientização, que é sempre muito lenta. A consciência ecológica foi dada em 1972 pelo professor Meadows, que mostrou que não só a biosfera se degrada, mas, por meio dela, nossa vida humana e social, com poluição de todo tipo. Faz cinquenta anos que isso foi dito! Olhe a lentidão do progresso! Acima de tudo, esse progresso se torna mais lento pela consciência de outras crises que ocultam essa. Vivemos tantas crises intrincadas que a mente das pessoas se obscurece. A falta de complexidade no pensamento, na inteligência, faz que a pessoa sofra essas crises com apreensão, vendo um único aspecto, um aspecto unilateral.

Teríamos de pressupor uma revolução na educação para ensinar as pessoas a enfrentar as complexidades do mundo. Seria preciso pressupor que essa revolução na educação provocaria uma revolução nas consciências. Deve-se pensar que isso levaria à formação de uma nova força política coerente, movida, é claro, pela vontade de praticar essa nova via. Há toda uma série de preliminares para as quais ainda não estamos preparados, e temos de trabalhar. É muito difícil realizar uma reforma do pensamento em condições nas quais a crise faz que as pessoas se fechem, tenham cada vez mais medo, nas quais a angústia em relação ao amanhã é cada vez mais forte.

Acho que as medidas que estão sendo tomadas – isolamento, proibição de saída, toque de recolher, fechamento de bares e restaurantes – são como um ensaio geral de nossa domesticação generalizada, da domesticação da sociedade. No fundo, não estou dizendo que isso foi feito de propósito, não sei, talvez alguns se alegrem, mas é indubitável que tudo isso está sendo feito sem nenhum debate profundo na opinião pública. Sem dúvida, já é um experimento de um regime de vigilância e domesticação. Também é preciso pensar que estamos numa época de crise da ciência, que antigamente era uma área com autonomia total. Toda uma parte dessa ciência entrou para o campo dos negócios, a começar pela genética. Além disso, a hiperespecialização das ciências faz que os diferentes setores não se comuniquem entre si, o que é muito sério em período de pandemia. Vivemos uma crise generalizada de tudo, e isso é que é grave. É preciso tomar consciência dessas coisas, não se resignar, mas alertar e mostrar que o pior não é inevitável.

L. A. — Não haverá, também, em nome do que se chama urgência sanitária, a vontade por parte dos políticos de não apelar para o nosso próprio princípio de responsabilidade, para retomar o título de um livro de Hans Jonas? Você acha que o mundo político está à altura da situação?

E. M. — Evidentemente não. Está a reboque da situação. Aliás, há toda uma série de medidas contraditórias sendo tomadas: nada de vacinódromo, depois, sim ao vacinódromo; no começo, nada de máscaras, depois, sim, máscaras. Portanto, há toda uma série de medidas que refletem tanto desorientação total quanto despreparo, e não só despreparo, mas também o fato de que a política ultraliberal está destruindo os serviços públicos, pois estávamos caminhando para a comercialização dos hospitais. Deve-se lembrar que houve um mês de greves e protestos dos trabalhadores da saúde, como se previssem as coisas. Portanto, trata-se hoje de fazer uma política que restabeleça os serviços públicos em sua plenitude, mas também no campo, dispensários, agências de correio, toda uma série de coisas que estão sendo reduzidas e abolidas, restabelecer linhas ferroviárias secundárias para reduzir o tráfego poluente de automóveis.

Nisso, o poder vive do dia a dia, e até mesmo, em relação à questão dos hospitais, vemos que, em vez de reformar, mantém-se uma política de comercialização, de modo que os pacientes se tornam objetos para empresas que precisam ser rentáveis. Portanto, há a parte do despreparo, há a parte do inesperado e há a parte de uma política econômica que destrói, digamos, as qualidades próprias do Estado. Acrescento que há uma degradação, uma burocratização do Estado que se manifesta em circulares absolutamente grotescas, como o famoso formulário que era preciso assinar para poder se movimentar, grotesco tão manifesto que ele foi retirado. Pior, a alta administração é parasitada por vários lobbies financeiros. Estamos numa crise muito, muito grande, e se não houver conscientização dessa crise, não sairemos dela.

L. A. — A definição de humano está *de facto* modificada?

E. M. — O humano está ausente de nossos currículos escolares. Não nos ensinam o que somos. Ser humano é ser cortado em vários pedaços: há sociologia, psicologia, biologia. Mas o humano nem sequer é reconhecido como uma entidade, ao passo que somos seres ao mesmo tempo psíquicos, biológicos e sociais muito complexos. O que resta do humano? O sentimento – em algumas mentes cada vez mais restritas, infelizmente – de uma humanidade comum a todos, através de diferenças, respeito pelos outros, entendimento da necessidade de reconhecimento daqueles que não são reconhecidos. Isso é o que significa ser humano. Hoje, está cada vez mais degradado.

17

Nascido sob o signo de Gêmeos

L. A. — Agradecemos, Edgar Morin, por nos receber em sua casa. Evidentemente, em sua casa há bibliotecas, muitos livros. Atrás de você, há um livro sobre Dionísio; ao lado dele, um livro sobre vinhos, flores e mulheres. Um livro também sobre mitologias. Com esses três tipos de livros, é possível, afinal, tentar definir você um pouco... Porque é muito difícil defini-lo.

E. M. — Você quer que eu tente me definir?

L. A. — Quero.

E. M. — É muito difícil. Profissionalmente, eu era e continuo sendo um pesquisador e dou a essa palavra significado pleno. Quero dizer que pesquiso, que busco: minha vida é uma busca. Primeiro, uma busca para tentar viver, para tentar compreender, para tentar ser útil. Enfim, acho que é com essa palavra que eu ficaria. Por quê? Porque muitas pessoas me rotulam de sociólogo.

Escrevi livros de sociologia! Não, não fiz isso, porque meu primeiro livro importante, chamado *O homem e a morte*, é a reunião dos pontos de vista de sociologia, psicologia, história, mitologia das religiões e até de biologia. Quer dizer que, quando trato de um assunto, tento iluminá-lo em todas as suas dimensões. Por exemplo, em *O homem e a morte*, falei da realidade mais biológica, que é a de que o ser humano morre, e, ao mesmo tempo, da realidade mais mitológica, pois a espécie humana tem uma crença, a partir do momento em que ela parece, na sobrevivência dos mortos ou em seu renascimento. Isso é sociologia? Há sociologia em tudo o que faço. Mas eu diria que no século XIX, os alemães, ao usarem o termo "antropologia", entendiam uma reflexão sobre o ser humano em função dos diferentes conhecimentos que é possível ter, mas também uma reflexão no sentido filosófico.

Escrevi livros que seguem o caminho que eu chamaria de antropológico. É *O homem e a morte*, é *O paradigma perdido: a natureza humana*, extraído de um colóquio sobre a unidade do homem, que organizei... e outros, que foram estimulados por acontecimentos, acontecimentos que me surpreenderam. Por exemplo, meu primeiro livro se chama *O ano zero da Alemanha*. Por quê? Porque fui com o primeiro exército à Alemanha, na época da queda do Reich nazista.

L. A. — Por acaso você não nasceu sob o signo do duplo? Você relata num de seus livros que foi para um país distante e lá encontrou uma espécie de serpente que o fascinou, que tinha cabeça dupla. Será que, afinal, o duplo não o perseguiu toda a vida? Aliás, duplicidade de identidade? Morin é supostamente seu sobrenome, mas não é o sobrenome verdadeiro.

E. M. — Se você tocar nessa dualidade, para não dizer duplicidade, para começar, se você fosse astróloga, teria notado que nasci sob o signo de Gêmeos... ou melhor, que meu ascendente é Gêmeos, porque nasci sob o signo de Câncer. Mas há também uma dualidade bastante profunda em mim, que, pensando no assunto, associei à ascendência marrana. Os marranos eram judeus que se haviam convertido ao catolicismo durante o século XIV, o século XV... na Espanha. Alguns se mantiveram secretamente fiéis ao judaísmo; outros se tornaram de fato católicos sinceros. Mas houve alguns que, a partir do conflito íntimo entre as duas religiões, acabaram se refugiando no ceticismo e na racionalidade.

Montaigne é tipicamente marrano. E, nele, o choque das duas religiões acabou por mandar às favas as duas, embora, politicamente, ele seja muito prudente – o que também é muito marrano. Temos também Spinoza. O que Spinoza faz? Afinal, ele já não precisa de um Deus criador, algo de que o judaísmo e o catolicismo precisam. Ele põe a divindade no interior do mundo, como força criadora dentro do universo físico. É também Cervantes, igualmente dessa linhagem: ele expressa com escárnio uma nostalgia irremediável, algo como um universo perdido para sempre. Todos esses autores partiram de uma dualidade que os alimentou e produziu a revolução intelectual dos tempos modernos.

E, por falar em Resistência, concluí que agi como um submarino* e, diria até, num jogo de palavras, como um submarrano. Por que submarrano? Porque, por um lado, eu estava secretamente ligado ao comitê central do Partido Comunista, mas, por outro, fazia parte de um movimento de resistência não comunista. Era uma situação que me fazia ter certa relação hipócrita, porque as pessoas não sabiam de minha relação com o comunismo. Não hipócrita no plano das ideias, porque eu expressava minhas ideias, e as pessoas sabiam que eu era comunista. Mas eu tinha dupla identidade e estava contente com isso, porque tinha uma relação mística com o comunismo, porque conhecia o aparato do Partido. Eram caras muito rígidos, muito estereotipados.

---

* O termo, em francês, também significa agente duplo, espião. [N.T.]

Eu preferia ter uma relação mística com o Partido, e não uma relação concreta com as pessoas do aparato. Em compensação, tinha um relacionamento muito agradável com pessoas que não eram comunistas. A relação era muito mais espontânea, fraterna etc. Portanto, vivi essa dupla identidade que, no fundo, me agradava bastante. E, de fato, em dado momento assumi o pseudônimo Morin e, depois da guerra, poderia ter mudado de nome, como muita gente fez, como, aliás, tive a tentação de fazer. Depois de certo tempo, quando um advogado me disse: "Sabe, é fácil mudar de nome agora, não é caro", aí, eu disse que não, no final das contas. Fiquei com os dois nomes, ou seja, às vezes eu dizia "Nahoum, vulgo Morin" ou "Nahoum-Morin", mas vivia essa dupla identidade. E pensava: "Bom, com Nahoum, continuo sendo filho do meu pai, mas com Morin sou filho de minhas obras." Portanto, é verdade que há em mim uma unidade na dualidade. Sou duplo, mas meus dois aspectos se comunicam. Ou seja, não sou um doutor Jekyll e *mister* Hyde.

L. A. — A morte e a vida estão inextricavelmente ligadas em você. Será esse o segredo de sua longevidade?

E. M. — No fundo, desde que nasci, acredito que, como eu queria viver – a prova é que sobrevivi à doença –, procurava a esperança em algo oceânico, algo global. Claro que era o amor, amor por uma mulher, mas isso veio mais tarde. Teria sido a religião, se eu tivesse sido capaz de acreditar numa revelação. Eu era muito fascinado por Dostoiévski, incontestavelmente, mas não consigo crer. Dostoiévski acreditava sem crer. Foi, afinal, a política que me trouxe a ideia de comunhão com a espécie humana. Isso se cristalizou dessa forma para mim.

O erro em que muitas pessoas acreditaram foi que, no final do século XX, íamos entrar num mundo melhor. Não eram só os comunistas que acreditavam nisso, mas também as pessoas que falavam de democracia, da sociedade industrial evoluída que resolveria todos os problemas. Dizia-se ainda isso até a década de 1960. Havia uma esperança, mas o que acho é que houve uma tremenda reversão.

Percebemos que não estamos quase no fim da pré-história humana. Ainda estamos em plena pré-história. Costumo dizer que esta não é a luta final, mas a luta inicial. Estamos apenas nas preliminares. Mas conservo uma espécie de cordão umbilical com o futuro. Claro, não acredito em progresso automático. Mas, para mim, a esperança está ligada à desesperança: muito do que aconteceu, ainda recentemente, é desesperador. Estamos vendo esses acontecimentos e veremos outros. Mas eu diria que talvez seja isso, essa dualidade ainda de que você falava: a esperança nunca expulsou a desesperança, e a desesperança nunca expulsou a esperança.

L. A. — Não estaremos enfrentando uma crise de civilização, que você analisou tão bem em algumas obras, justamente?

E. M. — Quando um sistema não consegue resolver alguns de seus problemas mais fundamentais e urgentes, então chega o momento em que ou há um confronto, alguma coisa, ou então se passa para um sistema mais rico, um metassistema que possibilite resolver os problemas. Dou-lhe um exemplo extraído da própria história da vida. Na história da humanidade, durante dezenas de milhares de anos, houve sociedades chamadas de arcaicas, com algumas centenas de indivíduos sem Estado, sem agricultura, caçadores-coletores que se viravam muito bem. Em dado momento, em certas condições, na Mesopotâmia, por exemplo, ou na bacia do Indo, não se sabe exatamente como, houve um agrupamento de populações, uma transição para a agricultura. A agricultura obrigou a ter celeiros, depois a ter milícias para defender os celeiros. Houve aristocratas, saqueadores nômades que apareciam, como em *Sete samurais*, para cobrar impostos. Uma coisa puxa a outra, veio a criação de aldeias, de reis, que são aqueles que obrigam os outros a pagar impostos, da cidade-fortaleza. É assim que nossa história se pôs em marcha.

L. A. — Você acha que o desemprego é um dos fatores mais preocupantes de nossa democracia?

E. M. — Não. Eu acho que é um elemento entre outros desta crise profunda de nossas sociedades e da civilização que levam à busca. Acredito que a solução hoje está na interdependência extrema da vida econômica internacional e sobretudo europeia. A solução deve ser buscada e encontrada em nível europeu. Está claro que a única solução para os grandes problemas desta época só pode ser mundial. Mas ainda não chegamos lá. Observe, só na ecologia, até que ponto a coisa está patinando depois de todas as conferências. Acredito que estamos rumando para crises cada vez mais graves, porque as soluções não conseguem ser programadas por antecipação. É necessário que, em algum momento, diferentes forças se ponham em movimento e se unam, que se coordenem para fazer emergir a nova forma de organização social.

L. A. — Você foi amigo de François Mitterrand, que conheceu na Resistência. Votou nele?

E. M. — Quando ele se candidatou contra de Gaulle em 1965, lembro que escrevi um artigo no *Le Monde* explicando que não votaria em de Gaulle nem em Mitterrand. Minha razão para não votar foi que, enquanto a esquerda não repensasse sua própria política, enquanto não fizesse uma revisão, não tivesse encontrado novos fundamentos, enquanto não houvesse essa reforma intelectual e política, eu não passaria um cheque em branco. Foi o que pensei em 1965. Ele não ficou contente, é claro. Posteriormente, mantive essa posição, porque, mesmo em 1981, preferi abster-me.

L. A. — Não votou?

E. M. — Não, porque me considero de esquerda, mas não da esquerda oficial. Por que não votei? Primeiro, porque achava que havia algo grotesco por trás do nome "programa comum". Observe, era grotesco. Mas a verdade é que Mitterrand teve sucesso na operação que consistiu, afinal, em sufocar num beijo o Partido Comunista. Você me dirá que Marchais contribuiu muito para o declínio do Partido Comunista, mas Mitterrand lhe deu uma mãozinha. Foi uma operação política e tanto. Mas não era tanto desse ponto de vista que a coisa me incomodava; é que me parecia tão bobinho, uma patacoada, aquele problema do programa comum. Eu não queria entrar naquele jogo. Eu via, ao meu redor, o entusiasmo de amigos. Por exemplo, eu estava na noite de recepção do *Nouvel Observateur*, durante as eleições, e em volta vi gente gritando de alegria, de entusiasmo. Lembro que Gilles Martinet me disse ao pé do ouvido "Agora é prender o cinto de segurança!". Sua previsão era prematura, aliás. Portanto, eu via aquele entusiasmo, eu mesmo estava bem contente porque a esquerda entrava depois da direita, mas fiquei numa posição crítica.

A publicação do livro de Péan, *Une jeunesse française,** não foi revelação para mim. Claro, havia muitos detalhes que eu ignorava antes do livro de Péan. Aliás, acompanhei a elaboração do livro, pois o próprio Péan me havia feito perguntas. Eu sabia que Mitterrand vinha de Vichy.

L. A. — Sabia que ele tinha a condecoração da Ordem da Francisca?**

---

* Pierre Péan, *Une jeunesse française: François Mitterrand, 1934-1947*. Lit., Uma juventude francesa: François Mitterrand, 1934-1947, Fayard, 1994. [N.T.]

** A Ordem da Francisca gaulesa (*Ordre de la Francisque*) refere-se à condecoração atribuída pela França de 1941 a 1945; durante o regime de Vichy, assinalava aqueles que eram merecedores da estima do marechal Philippe Pétain. [N.T.]

E. M. — Eu não tinha certeza, não sabia. Mas, se tinha, isso foi superado por sua atividade na Resistência.

L. A. — Não fica chocado hoje?

E. M. — Você sabe, há um monte de gente que foi vichysta: o marechal Juin, praticamente todo o exército que serviu na Itália, à parte o General Koenig e a pequena tropa de Bir-Hakeim. Enfim, muita gente entrou para a Resistência. Alguns permaneceram puros o tempo todo, outros vieram depois. Eu não sou Deus Pai e não posso, portanto, condenar para sempre. Não sou daqueles que querem esconder pudicamente essas coisas, mas o que me ficou claro nessa história não foi o passado de François Mitterrand. Todos sabíamos que ele vinha de Vichy, assim como Lattre de Tassigny e Juin, e depois quem quisesse poderia conhecer o passado de Mitterrand. Não era isso o mais importante. O que me impressionou foi o caso Bousquet.* Para falar a verdade, eu não sabia exatamente quem era Bousquet. Do dia para a noite, fui convidado para um programa de tevê de Christine Ockrent. Falava-se de Bousquet, e então eu disse que meu senso de amizade é transpolítico. Para mim, se Mitterrand era amigo de Bousquet, seria normal que continuasse sendo seu amigo. Eu não conhecia Bousquet. Mas o que importou para mim foi quando acreditei que ele estava no chão, quando muitos amigos dele o abandonavam, muitos daqueles que o bajulavam, que tinham escrito artigos pomposos sobre ele; quando os ratos pularam do navio, tive um sentimento pessoal: eu estava vendo um velho leão no chão. E então tive o reflexo de lhe estender a mão, para que ele se reerguesse. Principalmente porque também era uma época em que se ficou sabendo que ele tinha aquele câncer, e dava

---

* René Bousquet trabalhava para a polícia e, durante a ocupação da França pelos alemães, passou a ser um dos altos funcionários do regime de Vichy, sendo nomeado secretário-geral da polícia. Foi responsável pela deportação dos judeus da França, sobretudo em julho de 1942. Foi assassinado em 1993. [N.T.]

para ver que o rosto dele tinha mudado muito. Estava lívido e seco. Não tive nenhuma piedade piegas. Quis mostrar que ele não deveria ser reduzido a um episódio passado. Ele se reergueu, ele era forte. Não me arrependo desse gesto, porque mesmo na política é preciso levar em conta a complexidade humana.

L. A. — Em você, o engajamento político e a reflexão sobre o mundo sempre andaram de mãos dadas. Continua achando que as ciências humanas precisam se enriquecer muito mais com as ciências exatas e vice-versa?

E. M. — Sim. Quando voltei dos Estados Unidos para a França, disse a mim mesmo que era preciso criar um centro onde as pessoas pudessem pôr em comunicação as ciências humanas e as biológicas. Sempre me escandalizou, e ainda hoje me escandaliza, o fato de se estudar o cérebro em biologia e a mente em psicologia. Somos seres biológicos, e estuda-se o homem biológico em biologia. Mas somos seres espirituais, sociais, culturais, estudados em ciências humanas. O ser humano está dividido em dois. Mas minha ideia é que há necessidade de se ver que o homem é multidimensional. Eu queria fazer isso e tinha a ajuda de Jacques Monod, de François Jacob. Alguns biólogos me ajudaram muito, levaram-me a conhecer coisas, como Henri Atlan.

L. A. — Outros que o atacaram.

E. M. — Isso é inevitável, porque ninguém gosta de contrabandistas. Principalmente dos que cruzam fronteiras sem ter os papéis em ordem. O que aconteceu foi que em algum momento, na minha cabeça, uma palavra se impôs: a palavra "método". Eu nem sabia direito o que queria pôr dentro dela. Encontrava o problema que tinha me obcecado a vida toda. Como não errar? Porque, no fundo, conheci esse problema sobretudo no plano político. Pensava naquele período de antes da guerra, quando as pessoas estavam perdidas: umas se tornavam pró-fascistas por anticomunismo; outras, pró-comunistas por horror ao fascismo. As coisas oscilavam em todos os sentidos. Depois, olhando em retrospectiva, houve quem dissesse que não deveriam ter sido feitos os acordos de Munique etc., houve tantos erros. Eu mesmo cometi um erro quando me tornei comunista, porque nada me destinava a isso. Simplesmente, acreditei ser necessário aderir à única força capaz de lutar contra o nazismo, na minha opinião. Estava errado. Não que me arrependa. Não me arrependo do que vivi: foi uma experiência formidável. O que digo é que mesmo eu, que me achava tão inteligente, era capaz de me enganar, de ter raciocínios falsos. Esse é o problema que sempre me obcecou, contra o qual sempre reagi tentando – quando fiz meus estudos, como em *O homem e a morte* – ver os diferentes aspectos de um mesmo fenômeno, ver os prós e os contras. Disse a mim mesmo que era preciso ter cuidado, ter meios para enganar-se o menos possível, pensar o mais corretamente possível.

L. A. — Porque você acha que não se pode alcançar a verdade. Você cita com frequência Pascal, para quem o contrário do erro não é a verdade.

E. M. — É uma verdade contrária. Então, a minha dualidade faz parte de meu espírito. Sou muito sensível a verdades contrárias.

L. A. — Você é um mestre do des-pensar?

E. M. — Não vou até aí, porque podemos des-pensar para repensar melhor. Mas você cita Pascal.

L. A. — Acho que ele é o autor mais citado por você em seus livros.

E. M. — Sim, entendi por quê, tarde na vida. Pascal, por um lado, duvida. É um filho de Montaigne. Por outro lado, tem fé. É um sujeito racional e é um homem religioso. Nele, religião, razão e fé combatem entre si. Como é muito racional, diz que a razão é limitada, portanto que há algo além da razão. Mas, acima de tudo, diz algo que eu adoto inteiramente: a aposta. A grande diferença é que ele aposta em Deus, porque, sendo cético e racional, entendeu que não se pode provar racionalmente a existência de Deus. Foi isso o que ele compreendeu. Foi o primeiro pensador moderno de fato nesse sentido. Eu aposto sempre. Aposto de fato em Liberdade, Igualdade, Fraternidade. Mas não sei se essa trindade prevalecerá. Para mim, a moral é sempre uma aposta, porque boas intenções não bastam. Com as melhores intenções pode-se fazer as piores coisas. Conheci tanta boa gente que acreditava estar trabalhando pela salvação da humanidade, para emancipar a humanidade, e, sem saber, estava trabalhando por sua escravidão. Tentemos des-pensar mais corretamente, não ceder às nossas pulsões, ter controle sobre nós mesmos. Também sou filho de Montaigne, acho muito importante olhar para si mesmo, examinar-se. O método é um pouco fruto de tudo isso, pois na época, a partir da década de 1960, compreendeu-se que a vida não é uma substância diferente da substância físico-química, mas feita com os mesmos ingredientes. O que difere é a organização viva. A partir do momento em que se compreende isso, a vida orgânica nos remete ao mundo químico, ao mundo físico. Nessas alturas, empreendi uma exploração, uma aventura que me apaixonou... Depois, tentei transcrevê-la no quinto volume do meu método intitulado *A humanidade da humanidade*.

L. A. — Você diz em um de seus livros, intitulado *Terra-pátria*, que nunca fomos tão guardados e protegidos pelo que nos ameaça: a ciência e a medicina.

E. M. — A partir de Hiroshima – resultado de descobertas sobre a estrutura do átomo – e agora, com a possível manipulação da genética, a ciência revelou que não é apenas uma força benéfica, mas que pode ser destrutiva. Pode-se até dizer que a humanidade está ameaçada por um produto da ciência, que é a bomba atômica, que continua existindo. Aliás, é preocupante. Agora parece que chegamos às pequenas bombas de bolso. Em segundo lugar, é o progresso da técnica, da indústria, inseparável dos progressos da ciência, que cria ameaças por grande degradação da biosfera. Portanto, é bem curioso ver essa coisa tão benéfica ser, ao mesmo tempo, maléfica. Isso mostra a complexidade de tudo o que é humano.

L. A. — É a constatação da ruína definitiva da ideia de progresso.

E. M. — Exatamente. A ideia de progresso é teleguiada pela ideia de progresso mecânico, é claro, porque acredito que há um progresso possível, mas apenas possível. Para mim, a ideia de Terra-pátria é muito importante. Por quê? Não só porque todos os grandes problemas são planetários: temos problemas comuns. É o que digo: ecologia, drogas, guerra. Mas, além disso, agora sabemos que somos todos terráqueos, nascidos desta terra, da evolução biológica, que a espécie humana, através dessa diversidade, tem uma unidade fundamental, e é preciso salvar, ao mesmo tempo, sua diversidade e sua unidade. Hoje, nesta época chamada de globalização, quando se desencadeiam processos econômicos cegos no mundo, a resposta não pode estar no fechamento étnico ou particularista. A única resposta é enraizar na mente das pessoas, em todo o planeta, essa consciência de que a Terra é sua pátria. Isso não significa negar as diferentes pátrias que existem. Ao contrário, significa que temos uma pátria mais profunda, mais antiga e mais global. Se tomarmos essa consciência, então a humanidade estará armada para enfrentar seu destino e seu devir.

L. A. — Já não é possível acreditar na ideia de progresso. Você tem sempre falado de desesperança e esperança como intrinsecamente ligadas. Qual é sua esperança em relação ao devir do mundo?

E. M. — O futuro é completamente imprevisível. Acredito que está ocorrendo uma luta gigantesca entre forças de desintegração, degradação, inclusive na Europa, que está ameaçada, e forças de integração, confederação, congregação. Essa luta não está decidida, e as grandes bifurcações ainda não chegaram. Infelizmente, falta-me visão profética. Não acredito que os problemas possam ser resolvidos de modo fundamental em alguns anos. Espero que, nos próximos anos, sejamos capazes de evitar grandes catástrofes. Precisamos continuar trabalhando no sentido que parece correto, tudo o que confedera, tudo o que une, tudo o que congrega, a começar pela Europa. Além disso, no plano fundamental, fiz uma coisa que chocou muito no final do meu livro, o capítulo chamado "Evangelho da Perdição". Admito que as pessoas acreditam na redenção religiosa. Mas, se não estamos dentro da redenção religiosa, então devemos acreditar que estamos perdidos, estamos perdidos neste planetinha, não sabemos por que nascemos. Todos vamos morrer, e até a vida morrerá por fim em algum momento, mesmo que emigremos para outros astros, para outros sistemas. O universo ou vai se dispersar, ou vai se contrair. Já que estamos perdidos, sejamos irmãos. É um pouco uma ideia budista. Vamos nos confraternizar, pois temos todos o mesmo destino terrível. E saibamos aproveitar a vida também, porque, cada vez mais, acredito na virtude dos êxtases da história. Acredito na poesia da vida. Vivemos a poesia da vida quando amamos, quando nos rejubilamos, quando confraternizamos, dançamos, quando cantamos, quando estamos em festa. A prosa é coisa chata, necessária e utilitária. Não há como escapar dela, mas acredito que viver é viver poeticamente. Caso contrário, é sobreviver. A meu ver, às vezes é preciso viver, para sobreviver, para ganhar o pão. Mas é preciso sobreviver para poder viver. E, pensando em todos os desempregados, infelizes e excluídos, tanta gente que não consegue viver, acredito que o programa fundamental é viver, viver, agir de tal modo que possamos realizar poeticamente nossa própria vida.

18

Amor de novo e sempre

L. A. — O que é amor?

E. M. — Acho que amor é quando o ser amado é poético, está no sentimento poético. Para mim, amor é algo que de fato dá poesia na vida, e, quando há perda de poesia, irrompe a prosa. O que é irrupção da prosa? É o homem que não limpa os pés direito no capacho, é a mulher que demora a trocar o absorvente íntimo. As mesmas coisas, como tomar o café da manhã juntos, que é uma atividade prosaica, no sentido de que temos necessidade de nos alimentar, o fato de dois seres que se amam tomarem o café juntos poetiza essa coisa prosaica. Não há coisas prosaicas em si. Há coisas utilitárias, práticas, técnicas etc. Porém, na poesia, transcendemos tudo isso, porque o que importa é ser amado. Mas, assim que essa poesia diminui no outro, somos invadidos pela prosa. No começo, não prestamos atenção. A qualidade poética que se irradia da pessoa amada e que sentimos em nós mesmos, o estado poético em que estamos impede-nos de considerar mil pequenas coisas com aversão, desdém, irritação ou nervosismo e, no momento em que, de fato, as pequenas irritações finalmente se tornam as coisas mais importantes, então já não há amor.

L. A. — Doutor Edgar, o amor pode sobreviver ao tempo?

E. M. — Ninguém pode prever isso. Vimos casos de amor muito duradouros que se regeneram. São extremamente raros, claro, porque há duas coisas: não só a invasão da prosa, mas também o fato de que a grande proximidade afetiva é algo que acaba atenuando e enfraquecendo o desejo na maioria das vezes. Eu costumo particularizar, porque, repito, há casos em que isso não ocorre.

L. A. — Como? A convivência deserotiza?

E. M. — No longo prazo, sim. Mas essa tendência não se dá com todos.

L. A. — Portanto, se quiser continuar apaixonado, cada um em sua casa.

E. M. — Não, não é necessário. O amor pode permanecer muito forte psiquicamente, apesar do enfraquecimento do desejo. Por que não há desejo entre a criança e a mãe adulta? Isso foi verificado entre os chimpanzés, ou seja, os chimpanzés adultos não entram em contato com a mãe, ao passo que se achava que eles todos acasalavam etc. Por quê? Porque conviveram, há ligação afetiva.

Há também a seguinte contradição no amor. Por um lado, há uma pulsão extremamente exogâmica, que leva a atrair o outro, a pessoa de outra população. Mas há também uma pulsão endogâmica, que expõe ao risco de incesto no amor. Ou se corre o risco de trair o próprio clã, como Romeu e Julieta, traição à família, ou, ao contrário, o amor é incesto, é a coisa proibida. O amor navega entre esses dois interditos. É triste. O amor é uma aventura. Ninguém pode dizer como conduzir seu amor. Não há uma arte de conduzi-lo. Não há receita para agir bem. É uma aventura, entramos nela e podemos errar. Por isso acho que o amor é o ápice da loucura e da sabedoria, ou seja, as duas se intercambiam, uma na outra. Nunca sabemos se estamos na loucura ou na sabedoria. A única coisa que sabemos é que uma vida racional demais é insana. Mas a única coisa também é que não podemos estar o tempo todo na loucura. No fundo, nesse livro, o que eu quis fazer foi estudar as relações entre amor, poesia e sabedoria. Porque o amor é uma das formas mais belas da poesia vivida. Mas querer um pouco de racionalidade é sabedoria. No entanto, ser racional demais na vida é extremamente absurdo, porque perdemos a vida, portanto é insano. É o diálogo permanente entre nossa sabedoria e nossa loucura que, do meu ponto de vista, é a única sabedoria possível, e isso inclui o amor, evidentemente.

L. A. — Como você sabe quando amor morreu?

E. M. — Acredito que, quando já não há poesia, o amor morreu.

L. A. — Mas ninguém é poético 24 horas por dia.

E. M. — Ser fonte de poesia, a palavra "fonte" quer dizer isso, quer dizer que alguém inspira poesia, o saber que esse ser inspira. Ninguém faz a conta das horas em que ele é poético e das horas em que não é.

L. A. — Portanto, ou somos musas de vocês, ou não somos nada? Vocês deixam de nos amar?

E. M. — É preciso ser musa, ótimo.

L. A. — Vocês nos pedem tudo, a nós, mulheres: ser musa!

E. M. — Vou dizer a frase ao contrário: quando vemos o outro como um ser unicamente prosaico, já não o amamos. Talvez tenhamos ainda um pouco de amizade, afeto etc., mas já não o amamos. É o prosaísmo total do ser que faz que não haja mais amor.

L. A. — Nesse momento se vai embora?

E. M. — Em relação à permanência, pois digo que o amor é uma coisa que se regenera, isso é algo que vem em dado momento, mas, como uma fonte, pode secar, e depois retorna.

L. A. — Mas aí não podemos fazer nada. Não podemos alimentar a força poética de vocês como um gêiser.

E. M. — Eu não estou falando do ponto de vista dos homens, mas também das mulheres.

L. A. — Mas você não é mulher.

E. M. — A outra pessoa pode ser mulher. Uma mulher ama quando o outro, para ela, é fonte de poesia. É possível ter paixões puramente físicas, em que a poesia se limita ao momento do ato erótico. Mas, caso contrário, se houver apenas desdém, desprezo etc., diz-se que "ela tem tesão por ele", mas que não o ama. Apesar disso, há muitas diferenças. É meio batido ver a mulher sendo idealizada ou considerada puta: é coisa típica da chamada civilização judaico-cristã. Porque a imagem idealizada da mulher que amamos é simbolizada pela mãe, pela virgem. E, nesse momento, cria-se uma esquizofrenia entre a tendência para o alto, que vai secar o desejo sexual, e a tendência, digamos, para baixo, que vai em direção ao desejo, entre aspas, infame. Muitos seres vivem essa dissociação. Mas, quando se encontra a unidade, justamente, da adoração, do místico e do físico, é o momento privilegiado do amor. Mas isso não pode ser permanente, você tem razão, mesmo numa vida. São momentos sublimes.

L. A. — Quando a gente de fato amou, temos mais capacidade de amar outra pessoa? É uma prática, um dom ou uma droga?

E. M. — Está relacionado com a capacidade de maravilhar-se diante de outra pessoa. Acho que, quando esgotamos em nós a capacidade de maravilhamento, de emoção, tudo se torna prosaico. Isso é o surpreendente. Há rostos que despertam em nós uma espécie de misticismo poético.

19

O eterno apaixonado.
O amor como segredo da longevidade

L. A. — Eu me pergunto se a explicação para a sua energia, para a sua vitalidade, não é o fato de você ser um eterno apaixonado?

E. M. — Se eu não tivesse contado com uma presença amorosa ao meu lado, quando me propus escrever *O método*, o alto-forno da minha produção não teria se acendido. Sempre preciso do fogo do amor. Por exemplo, adorei minha falecida esposa Edwige, a quem dediquei um livro e que continua muito presente em minha vida, pois nunca se ama duas vezes da mesma maneira.

Tenho um imenso amor por minha atual esposa, Sabah Abouessalam. De algum modo, sou um recém-casado, pois me casei com ela há alguns anos. Compartilhamos uma comunhão de destinos, pois o pai dela morreu quando ela contava dez anos, assim como eu, quando perdi minha mãe; ela se isolou da família, assim como eu, viveu uma experiência revolucionária em Marrocos, como eu no Partido Comunista; até usou meu livro *Autocritique* para se libertar do dogmatismo;

estudou sociologia, e no curso leu *O paradigma perdido* e alguns dos meus livros de sociologia. Portanto, ela me conhecia muito bem e profundamente. Por minha vez, eu a descobri e acho que estamos num estado que Francesco Alberoni chamou de "*innamoramento*", amor em estado nascente.

O problema desse amor é conservar-se no tempo, pois ele se degrada naturalmente. Minha experiência com o amor me fez concluir que o amor dura enquanto o outro representa uma fonte de poesia e maravilhamento. Se o outro perder suas qualidades poéticas, por mais que reconheçamos todas as suas virtudes, já não conseguimos amar. Minha primeira esposa, Violette, por exemplo, era uma pessoa maravilhosa, mas, de alguma forma, nós dois nos despoetizamos. A qualidade poética é um ingrediente da relação que perdura mesmo quando o amor físico deixou de existir. Amor, curiosidade e amizade são as coisas que me fazem viver, literalmente.

L. A. — Será possível dizer que você é um eterno adolescente?

E. M. — Espero ter todas as idades da vida, conservar a curiosidade da criança, as aspirações da adolescência, um pouco da responsabilidade do adulto, que tive durante a Resistência, menos em seguida, e a experiência da velhice. É uma etapa muito difícil, pois não se trata apenas de ter vivido, mas de ter extraído lições daquilo que se viveu. Espero ter continuado a ser um velho garoto, mesmo sendo um "velho-velho".

L. A. — Portanto, você se casou com 90 anos! A vida começa aos 90?

E. M. — A vida recomeçou aos 90. Quero continuar pesquisando, trabalhando, dando meus recados. Quero viver, mas sei muito bem que a morte virá bater à porta.

L. A. — Você conhece a morte, porque a estudou.

E. M. — É principalmente porque a vi de perto, pois vivi a morte de minha mãe e de grandes amigos durante a guerra, e arrisquei a vida várias vezes. A morte, portanto, faltou a vários encontros comigo. Toda vez ela me dizia, na última hora, "até mais". Recentemente estive hospitalizado. A France Presse emitiu um comunicado, e todos os jornais começaram a preparar meu necrológio. Devem ter ficado decepcionados. Isso me lembra Paul Léautaud: a morte dele foi anunciada pelos jornais durante a Ocupação, e ele lhes enviou uma declaração dizendo que aquela informação era prematura.

L. A. — Pergunto novamente: o que é um "velho-velho"?

E. M. — "Velho-velho" é alguém que aceita apartar-se do mundo, resignar-se, vegetar.

L. A. — O que ainda falta você fazer?

E. M. — Ainda tenho projetos de livros sobre a reforma da educação e do pensamento. Gostaria de escrever artigos sobre fenômenos contemporâneos, como as notícias falsas, o caso Dieudonné etc. Continuo motivado pela necessidade de intervir, trabalhar, interrogar. Não mudei.

L. A. — Você não gostaria de ter vivido outra vida diferente da sua?

E. M. — Gostaria de ter outra cara, como a de Roland Barthes ou de alguns atores de cinema. Mas não gostaria de ter vivido outra vida diferente, porque não sei o que ela teria sido. Não sei o que teria sido se minha mãe não tivesse morrido quando eu tinha 10 anos, se não tivesse havido a Resistência. Todos os meus infortúnios, minhas tragédias, serviram para me dar mais consciência, alimentaram meu pensamento. Eu lhe dizia numa entrevista anterior que não conseguia separar minha vida de meu pensamento. É por isso que não consigo imaginar o que teria sido outra vida. Não digo que estou contente com a vida que tive, mas estou contente por não ter perdido o rumo. Vi tantas pessoas que abandonaram ideias e inspirações, acomodaram-se. É a única coisa de que me orgulho: não perdi o rumo.

L. A. — Você explicou o que significa pensar, mas não disse o que o faz pensar. Tudo o faz pensar?

E. M. — Sou movido por uma pulsão de interrogar. A unidade deve ser buscada nessa perpétua interrogação, no modo de ver a complexidade, seja em *O homem e a morte*, no estudo de maio de 1968, nas pesquisas sociológicas de campo ou nos problemas de método. Entre meus livros, alguns não são livros, e sim transcrições de programas de rádio. Mas, quer em diários que mantive e publiquei, quer em livros teóricos, sempre vejo o mesmo Edgar Morin, lançando-se em campos diversos. Minha vida foi uma luta entre a diversificação que me levava à dispersão e a tentativa de me reconcentrar. Foi nos momentos de reconcentração que consegui escrever meus livros sobre o método.

L. A. — De reconcentração, mas também de depressão, pois você fala disso em seus livros. Você tem momentos em que o alto-forno funciona a todo vapor, em intensa exaltação, e outros em que você afunda na depressão e se pergunta se algum dia vai conseguir trabalhar novamente.

E. M. — Para dizer a verdade, nunca tive nenhuma verdadeira depressão no sentido clínico do termo. Mas sou um pouco ciclotímico, passando de estados de exaltação a fases de melancolia. Aliás, meu pai era um homem de índole muito feliz, estava sempre alegre, cantando, enquanto minha mãe era uma grande melancólica. São os genes de meu pai que me tornam um homem que sempre gosta de brincar, gracejar, e os da minha mãe que às vezes podem me dominar, tornando-me melancólico.

L. A. — E do lado do corpo, de quem herdou essa solidez física e intelectual?

E. M. — No rosto, pareço-me com minha mãe, mas tenho muitos traços de meu pai. Na família paterna e, sobretudo, materna, os homens eram mais altos que eu, tinham mais de 1,80 m, morenos altos, alguns com olhos azuis.

L. A. — Por que nunca fez política?

E. M. — Sempre fiz política, mas nunca fui político. Sempre intervim no espaço público, mas a experiência do Partido Comunista me fez tomar a decisão de nunca integrar um partido. Decidi permanecer independente e tive a sorte de contar, durante anos, com uma tribuna no jornal *Le Monde* que me possibilitou intervir em muitos assuntos, como a guerra do Golfo, a guerra da Argélia etc. Tenho a impressão de que intervir pessoalmente é muito mais eficaz do que num partido ou participando de abaixo-assinados. Participo de abaixo-assinados para ajudar pessoas que sofrem, que podem vir a ser executadas, mas raramente assino em sentido político.

L. A. — Você não tem medo de nada?

E. M. — Tenho, sim, pelo contrário, tenho medo de tudo! Turenne dizia: "Tu tremes, carcaça, mas tremerias muito mais se soubesses aonde vou te levar!" Por exemplo, eu tinha muito medo no início da Resistência, depois me acostumei a levar comigo documentos e armas, sabendo que poderia enfrentar algum controle. De início, eu era um pouco medroso e escrevi em *Autocritique*: "Que volúpia, para um covarde, ser herói." No entanto, não sou herói, mesmo que tenha corrido riscos. Tudo aconteceu naturalmente. A gente é envolvido num movimento. Nunca ousaria cometer de novo ações clandestinas escapando de controles policiais. Mesmo quando passo por algum numa alfândega, ainda tenho medo de ser revistado, ao passo que, na época, não ligava.

L. A. — Por que você se recusa a ser um sábio? É de uma modéstia espantosa, não querendo ser "nem sábio nem mestre".

E. M. — Não quero ter discípulos. Gosto muito da ideia de que as pessoas sofrem a influência do meu pensamento em prol de seu próprio pensamento. Mas não gosto da ideia de discípulos, que não evoca servilidade, mas dependência. Courteline soltou o seguinte gracejo, respondendo a um admirador que não parava de chamá-lo de "Mestre": "Me chame de velho idiota já de uma vez". Para mim, não existe sabedoria em estado puro, a ideia de uma vida completamente racional é falsa; é sempre preciso haver relação dialética entre paixão e razão. É bom manter um bruxuleio de razão, mesmo em meio a grande paixão e, inversamente, de paixão em meio às coisas racionais que fazemos. A não eliminação da paixão me diferencia da ideia clássica de sábio desprendido do mundo. Conservo e alimento a racionalidade na tentativa de nunca ser cegado pela paixão. Para mim, já não há sabedoria no sentido antigo da palavra, mas uma vida que aceita uma parcela de loucura como ingrediente da sabedoria. O amor é o ápice da união entre sabedoria e loucura.

L. A. — O que é felicidade?

E. M. — Felicidade não é algo que eu procure, mas algo que, no entanto, encontrei. Existem diferentes tipos de felicidade: há felicidades de momento, como a propiciada pela visão de um belo pôr do sol, de uma bela borboleta, de um belo rosto de mulher ou de um belo filme. Há também períodos de felicidade, que requerem condições interiores e exteriores. É preciso ter muito amor e muitos amigos. Foi o que ocorreu comigo, por exemplo, quando estava na rua Saint-Benoît, numa comunidade com Marguerite Duras, Robert Antelme e Dionys Mascolo. Foi também o que ocorreu na Califórnia, onde eu tinha amizade, amor e uma cultura magnífica ao redor. Também tive um período de felicidade quando estava na Itália, redigindo o início de *O método*.

Estou vivendo um período de felicidade, porque tenho a impressão que estar vivendo como um recém-casado, com Sabah. Também tive muitos períodos tristes e dolorosos, como a doença de Edwige e, depois, a perda de numerosos amigos.

Então, para mim felicidade é algo que vai e vem. É preciso estar aberto para a possibilidade de felicidade e ter a capacidade de ser feliz. Os verdadeiros melancólicos nunca podem ser realmente felizes. Há momentos em que, no entanto, tudo se harmoniza ao nosso redor. Quando perdemos essa felicidade, porém, pagamos caro. Depois da Califórnia, por exemplo, recaí numa vida um pouco prosaica, como depois da Resistência. Todas essas fases se alternam. Para mim, a palavra Importante não é "felicidade", mas "poesia". Viver poeticamente é viver em comunhão, em efusão, no amor, na interação lúdica, na amizade. A poesia é condição de tudo, sobretudo da felicidade.

L. A. — Falamos de algumas de suas facetas: filósofo, antropólogo, viajante, cientista. Há também o cineasta: você fez um filme com Jean Rouch chamado *Crônica de um verão*, que foi restaurado recentemente. Era totalmente inovador. Nesse filme, que era uma nova maneira de fazer cinema, perguntando às pessoas o que sentiam no íntimo, havia uma pergunta lancinante que se repetia: "Você é feliz?" Essa pergunta era feita a todos os participantes, com destaque para Marceline Loridan, recentemente falecida. Então, eu lhe pergunto: Você é feliz?

E. M. — Há dois tipos de felicidade. Há momentos felizes, fugazes. Uma bela paisagem, um pôr do sol, um voo de andorinha, uma boa refeição entre amigos. Existem também períodos felizes, que podem durar mais ou durar menos, mas que só podem ser provisórios, pois sempre ocorre a separação daqueles que eram felizes porque se amavam, ou então a morte. Eu vivi períodos felizes. Naquele ano, por exemplo, na rua Saint-Benoît, formávamos uma comunidade com amigos. Também vivi na Toscana períodos felizes, sempre com esse caráter de comunidade e alegria na natureza. Tive até momentos intensos, que chamo de êxtases da história, como a libertação de Paris, a primavera em Lisboa, a queda do muro de Berlim. Mas não sei o que é uma vida feliz. Acho até que isso nem é possível, pois não conseguimos evitar tristezas, separações e mortes. Por um lado, eu me sinto bem continuando minhas atividades, vivendo, pensando, vendo meus amigos, sendo eu mesmo, mas, ao mesmo tempo, quanta dor em assistir ao desaparecimento de amigos queridos, um após outro. Tudo começou a partir da década de 1980 e continua, até bem recentemente, com a morte de minha amiga Florence Malraux. O que me pergunto, portanto, é se vou salvar a parcela poética de minha vida. Pois é ela que me dá as fontes de realização, períodos de felicidade. Para mim, a felicidade está subordinada à plenitude interior, à comunidade e ao amor com outrem. É essa a base de tudo.

L. A. — Você não gosta de ser considerado mestre, no entanto, em suas obras, há várias temáticas que nos possibilitam viver melhor. Há, justamente, a resistência permanente, o despertar para a realidade, a lucidez, a ausência de mentira, a crença nos valores republicanos. E há também a abordagem bastante tranquila da morte. Hoje, você tem

100 anos, está totalmente em forma. No que está trabalhando e o que ainda espera viver?

E. M. — Escrevi carradas de memórias. Escrevi muita coisa autobiográfica, como *Autocritique*, mas isso sempre foi posto no nível da minha evolução intelectual. Desta vez, o foco está muito mais em minhas emoções, meus encontros, meus relacionamentos pessoais. Não são memórias cronológicas: uma lembrança puxa outra, e assim por diante. Estou corrigindo tudo isso, pois escrevo fora de ordem. Estou gostando muito, pois me possibilita reencontrar pessoas que amei. Eu lhes dou outra vida póstuma. Além de pessoas muito famosas, conheci pessoas extraordinárias que são desconhecidas. Torná-las conhecidas, para mim, é mais que um dever, é uma alegria. Portanto, escrevo esse livro com risos e lágrimas. Além disso, ocorre que, quando fui recentemente a Bordeaux, estava com Jane Goodall, essa mulher extraordinária, e fiz um discurso sobre a fraternidade. Vou retomá-lo para fazer com ele uma pequena brochura.

É verdade que, na minha idade, preciso de repouso. Mas não consigo descansar completamente. Tenho necessidade de atividade, de alternância com o repouso. Em relação à morte, há duas coisas que gostaria de dizer. Primeiro, de fato, sempre que tenho a sensação de estar participando de algo, de não estar isolado, mas de participar de algum movimento, minhas angústias de morte são recalcadas. Não é que desapareçam, mas são recalcadas. Em outros momentos, sinto um grande vazio. Entendo então que o meu "eu" desaparecerá. Não se trata do desaparecimento de meu corpo, mas do desaparecimento do meu "eu", do universo, simultaneamente a mim. Mas esse sentimento chega, desaparece, é recalcado de novo. Continuo a ter meus projetos. Claro, nunca sei se passarei a noite seguinte e, no entanto, vivo num devir. Quero poder continuar a dar minha contribuição para as coisas em que acredito, especialmente para a consciência ecológica, para salvar a humanidade com meu minúsculo papel.

Às vezes, mesmo tendo consciência da minha idade, sinto que continuo sendo um ser infantil, que gosta muito de brincar, um resto de adolescente, que conserva aspirações sem ilusões, um pouco adulto, porque ganhei algum senso de responsabilidade e porque tento extrair da experiência da idade um pouco de sabedoria, mas não demais, porque sei que a sabedoria pura é uma forma de loucura. Sempre é preciso misturar razão e paixão, sabedoria e loucura.

À GUISA DE EPÍLOGO

Alguns dias atrás, Edgar veio à minha casa com Sabah para falar de como vai a vida. Ele havia avisado: "Hoje estou cansado, saí ontem e fui dormir tarde." Tinha jantado com os filhos e voltara para casa alegre e calmo. "Agora posso morrer em paz." Edgar diz com frequência esse tipo de frase e não podemos nos zangar com ele por causa disso. Sua vida é um cemitério, e talvez seja isso que o faça sofrer mais: a ausência presença de amigas e amigos. Mas Edgar tem o dom especial de manter uma conversa natural com seus mortos, e isso faz tempo. Não há aí motivo de orgulho para ele, mas é algo que lhe dá uma vantagem: conviver com a eternidade... E não se sentir muito frágil. Então, naquele lindo dia de inverno, ele chega alinhado, sempre elegante, cachecol amarrado com esmero em torno do pescoço e uma barba de três dias, como qualquer jovem nerd que se respeite e pretenda ser respeitado. O fim da primavera passada foi duro: dois graves problemas de saúde, a morte tão próxima, e aí, pimba, mais um milagre que ele, como bom cientista, não atribui a seu instinto de vida, mas ao progresso da medicina e à excelência dos médicos que o tratam.

Edgar mal pode acreditar que continua aqui e, como uma criança muito mimada pelo Papai Noel, abrindo impaciente o último brinquedo, queixa-se de ter mais de 100 anos hoje! E, sim, era melhor antes!

É melhor esperar até os 100 anos para festejá-los... com amigos, com a família, com o presidente da República com quem cantou tarde da noite no Elysée o canto dos *partisans*, com Paco Ibáñez, que veio tocar em Montpellier para ele. E, depois, no final do verão, terminada a festa, assobiava-se o fim do recreio...

Será que iam continuar interessados por ele depois de ultrapassado esse marco simbólico? Após alguns meses difíceis, ainda mais complicados pelo retorno da pandemia anunciada e repetida por ele, Edgar retomou suas pesquisas, reconstruiu roteiros da complexidade do mundo que continua a aumentar, e todos os dias extrai de sua crença no amor o gosto pela vida, gosto, diz ele, que herdou. Nele o passado se torna presente futuro no turbilhão das emoções, das percepções e das lembranças.

Cabe-lhe a última palavra. Olhando para o azul do céu naquela tarde, ele sorri e explica: "Lembro que meu pai, quando estava muito velho, eu o convidei a ir à Califórnia, e ele gostava de pôr uma cadeira na grama em frente ao mar e esperar. E uma das minhas felicidades é ficar sentado olhando para o céu. É uma felicidade de tipo novo."

AGRADECIMENTOS

Agradeço a Sabah Morin, Véronique Nahoum-Grappe, Alexandra Brouillet, Marie Grée, Élodie Royer e Jean-Luc Barré.

Este livro foi composto na tipografia Minion Pro,
em corpo 11,5/16,5, e impresso em
papel off-white no Sistema Cameron da
Divisão Gráfica da Distribuidora Record.